日下舊聞卷二十一

郊坰三

彰義金之正西門新城築于明嘉靖中其西門曰廣寧而都人至今以彰義呼之 析津日記

陳文燭都門送別詩落日青絲騎西風白苧詞廣寧門外柳折盡向南枝 二酉園集

隋仁壽間幽州弘業寺建塔藏舍利 神州塔傳

隋文帝遇阿羅漢授舍利一裹與沙師曇遷數之莫定多少遂以七寶函致雍岐等三十州州建一塔天寧寺塔其一也塔高十三尋四周綴鐸萬計風定風作音無斷時寺僧云音歘則光現塔前一幢書體遒美亦隋皇中立 帝京景物略

釋寶襲幽州人住京下仁覺寺守道自娛仁壽下勅召送舍利于本州弘業寺即元魏孝文之所造也舊號光林依峯帶澗面勢高敞自開皇末舍利到前山恒傾摇未曾休止及安塔竟山動自息又仁壽初歲天降剃刀三十三枚用甚銛利而形制殊别今僧常用以剃剪也又初造石函明如水鏡文同碼碯光似琉璃內外照徹紫燄光起函外生紋如菩薩像及似衆仙禽獸師子林樹雜相非一四月三日夜放大光明照天地有目皆見 續高僧傳

仁壽二年正月分布舍利五十一州建立靈塔幽州表云三月二十六日於弘業寺安置舍利石函始磨兩面以水洗之明如水鏡內外相通紫光焰起其石斑駮又

類瑪瑙潤澤炫耀光似琉璃至四月一日起齋行道至三日亥時舍利前焚香供養燈光焰庭衆星夜朗有素光舒卷在佛輿之上至八日舍利入函自旦及辰函石現文彷佛象有菩薩光采粉藻又似衆仙其間鳥獸林木諸狀不惑者衆實難詳審其有文理照顯分明今謹圖奉進 廣弘明集

隋弘業寺唐開元中改額天王寺 長安客話

金大定二十一年改洪業寺爲大萬安禪寺 湛然居士集

至寧元年八月紇石烈執中作亂入自通元門是日變起倉卒中外不知所爲鄯陽石古乃徃天王寺召大漢軍五百人赴難其執中戰于東華門外 金史本傳

寺當元末兵火湯盡文皇在潛邸命所司重修姚廣孝退自慶壽曾居焉宣德間勅更今名 長安客話

嘉靖壬寅五月天寧寺塔頂發煙三日 石河小說

嘉靖二十五年給事中李文進言邇年宣武門外天寧寺中廣聚僧徒輒建壇場受戒說法擁以蓋輿動以波吹四方緇衣集至萬人聯拜伏聽晝聚夜散男女混淆甚有逋罪黥徒髠髮隱匿因緣爲奸故四月以來京師內外盜賊竊發輦轂之下豈應有此乞捕爲首者按治其罪詔下錦衣衛捕繫鞫問 國朝典彙

京師天寧寺塔殿門閾處覩之其影倒懸人以爲異然沈存中筆談謂凡影入窗隙皆倒懸乃其常理如陽燧照物皆倒中間有礙故也紙鳶飛空中其影隨鳶而移

或中間爲牕隙所束則影與鳶遂相違鳶東則影西鳶西則影東樓塔之影中間爲牕所束亦皆倒垂與陽燧一也 太岳集

天寧寺塔高二十七丈五尺五寸 艮齋筆記

寺在元魏爲光林在隋爲弘業在唐爲天王在金爲大萬安宣德中修之曰天寧正統中修之曰萬壽戒壇名凡數易訪其碑記開皇石幢已失所在即金元舊碣亦無片石矣葢此寺本名弘業而王元美謂幽州無弘業寺劉同人謂天寧之先不爲弘業皆考之不審也 析津日記

王紱游天王寺次王時彥韻古寺尋幽竟夕曛敗垣芳草路依微鳥啼空院僧何在樹老閒庭鶴自歸靜對方池移石坐高臨孤塔看雲飛平生自信心無變不是衰年始息機 王舍人集

南大吉天寧寺行城西野寺名天寧遥遥大道臨郊坰多士驪駒停玉策諸天魚鑰啟金扃金扃窈窕通華殿桂栱璇題皆可見雕銜紫蓋覆珍輪獸吐青蓮承寶薦寶薦明珠照四隅修廊廣室紛盤紆參差鐵鳳翔高閣琅璫金鐸湧浮圖浮圖萬丈凌遥碧嘉樹陰森連廣陌丹青不道千黃金土木寧論雙白璧此都此寺真無比誰其建者中常侍可憐海內蒼生心只得上方經行地君不見年年四月天傾城車馬紛聯翩蘭若上人登寶座沙門佛子坐青氈此時公侯亦羅拜神鐘大磬鳴天外蟒首佳人解誦經朱袍公

子能受戒受戒誦經敞繡筵左廊右室曲相連如陵之肉萬銅錢如澠之酒金杯傳金杯象箸何狠藉蔓草叢蘭同一澤薊門艷舞留飛錫燕市名謳謂上客吁嗟乎中黃門食祿千鍾近至尊胡爲崇此盂蘭盆 瑞泉集

沈淵集天寧寺詩千秋祇苑鳳城西烟樹蒼蒼路轉迷縹緲龍宮分邑相岧嶢雁塔逼雲霓齋空竟日聞鐘梵坐久深林自鳥啼信是諸天超物外好從此處學幽栖 海岳靈秀集

章适天寧寺餞別李伯承詩帝城西畔湧浮圖詞客相將興不孤法界彩煙飛五鳳梵天珠樹下雙鳧論交幾駐青絲騎惜別還傾白玉壺江漢才名多秀士一時文采似君無 詩統

區大相九日集天寧寺詩帝京重九日朋舊共開尊地遠城西寺臺高薊北門雲光移塔影山勢斷河源忽覩南飛雁令余思故園 海目集

朱國祚晚過天寧寺詩郭外秋山百里晴日斜深院晚涼生十三層塔半扉影一鳥不來風鐸鳴 介石齋集

白雲觀元太極宮故墟出西便門一里觀中塑丘眞人像白晳無鬚眉都人正月十九日致酹祠下謂之燕九節西十餘里爲唐太宗哀忠墓西南五六里爲蕭太后運糧河泯滅無可問矣 帝京景物畧

大宗師長春眞人姓丘氏名處機字通密號長春子登

州棲霞縣濱都里人金皇統戊辰正月十九日生有日者相之曰當爲神仙宗伯大定丙戌年十九辭親居崑崙山丁亥謁重陽全眞開化王眞君嘉於寧海請爲弟子戊申召見闕下隨還終南山貞祐乙亥金主召不起已卯宋遣使來召亦不起是年五月太祖自乃蠻國遣近侍劉仲祿持手詔致聘文曰朕踐祚已來訪聞先生博物洽聞探賾窮理干戈而後伏知猶隱山東朕心仰懷豈不聞渭水同車茅廬三顧之事奈山川懸濶有失躬迎選差近侍官劉仲祿備輕騎素車不遠千里敬邀先生不以沙漠悠遠爲念五月初一日筆庚辰正月北行二月至燕欲候駕回朝謁仲祿令從官曷刺馳奏眞人進表陳情表曰登州棲霞縣志道丘處機近奉宣旨

遠召不才自念學道無成老而不死名雖播于諸國道不加于衆人前者南京及宋國屢召不從伏聞皇帝天賜勇智今古絕倫道協威靈華夷率服便欲投山竄海不忍相違且當冒雪衝霜以圖一見蓋聞車駕只在桓撫之北及到燕京聽聞遥遠遂與宣差劉仲祿商議不若且在燕京德興府等處盤桓暫住先令人前去奏知而仲祿不從故自納奏帖伏望皇帝早下寬大之詔詳其可否龍兒年三月日奏十月曷刺回復奉勅旨曰成吉思皇帝勅眞人丘師省所奏應召而來具悉惟師道踰三子德重多方兩朝屢召而弗行單使一邀而肯起謂朕天啟所以身歸不辭暴露於風霜自願跋涉于沙磧書章來上喜慰何言重念雲軒既發于蓬萊鶴馭可

遊於天竺顧川途之雖濶聘几杖以非遥爰答來章可明朕意十四日辛巳十一月至邪迷思干城壬午三月過鐵門關四月達行在所時上在雪山之陽舍館定入見上勞曰他國徵聘皆不應今遠踰萬里而來朕甚嘉焉賜坐就食設二帳于御幄之東以居之約日問道以回紇叛親征不果至九月設庭燎虛前席延問至道眞人答以節慾保躬天道好生惡殺治尚無爲清淨之理上悅命左史書諸策癸未乞東還賜號神仙爵大宗師掌管天下道教甲申三月至燕八月奉旨居太極宮丁亥五月特改太極爲長春七月九日留頌而逝年八十至元己巳正月詔贈號長春演道主教眞人已上見蟠溪鳴道集西游記風雲慶會錄七眞年譜等書 輟耕錄

丘處機登州棲霞人自號長春子年十九爲全眞學於寧海之崑崙山與馬鈺譚處端劉處元王處一郝大通孫不二同師王嘉金宋二季俱遣使來召不赴歲己卯太祖自乃蠻命近臣札八兒劉仲祿持詔求之處機一日忽語其徒使促裝曰天使來召我我當往翌日二人至處機乃與弟子十有八人同往明年宿留山北先馳表謝拳拳以止殺爲勸又明年趣使再至乃發撫州經數十國地萬餘里始達雪山太祖時方西征日事攻戰處機每言欲一天下者必在乎不嗜殺人及問爲治之方則對以敬天愛民爲本問長春久視之道則告以清心寡欲爲要太祖深契其言錫之虎符副以璽書不斥其名惟曰神仙歲癸未太祖畋獵于山東馬踣處機請

曰天道好生陛下春秋高數畋獵非宜太祖爲罷獵時國兵踐蹂中原河南北尤甚民罹俘戮無所逃命處機還燕使其徒持牒招求于戰伐之餘由是爲人奴者得復爲良與濱死而得更生者毋慮二三萬人 元史

長春眞人雲臥海上天子賜近臣金虎符齎手詔來聘仍命使軺所歷聽便宜行事太守郊迎縣令前驅驛馳數萬里以甲騎五百擁衛其行既入見扈從日久賜還衛送如初 甘水仙源錄

丘處機赴元太祖召拳拳以止殺爲戒時有事西征則云欲一天下在不嗜殺人大獵東山則云天道好生數畋獵非宜念兩河流徙則持牒招來全活不下三萬人

說儲

眞人丘長春能燒金佐世祖軍國之用以功封以金印主全眞教 草木子

釋有南北宗道自東華少君授漢鍾離權權授唐呂嵒亦分爲二宗一授遼進士劉操操授宋張伯端伯端授石泰泰授薛道光道光授陳柟柟授白玉蟾玉蟾授彭耜此南宗也一授金王嚞嚞授七弟子丘處機譚處端劉處元王處一郝大通馬鈺鈺妻孫不二世謂之七眞此北宗也七眞之迹皆在東海嶗山而丘處機爲元太祖所聘弟子十八人從游漠北居燕之長春宮化焉今都城西南白雲觀也 穀城山房筆麈

姚燧長春宮碑長春子丘處機太祖聖武皇帝自奈蠻遣近臣持詔求之與語雪山之陽帝之所問師之

所對如敬天愛民以治國慈儉清靜以修身帝大悅之曰天遣仙翁以寤朕志命左史書其言又勅徐世隆載諸靈應之碑　牧菴集

姬志真長春真人成道碑大定丁亥重陽真人自陝右來真人師之同志有馬丹陽譚長真劉長生王玉陽郝廣寧各得所傳重陽既逝真人乃遊秦隴歲志磻溪大定戊申金世宗徵赴闕特旨住全真堂辛亥復居濱都之太虛觀己卯冬赴召及見帝問以長生之藥真人曰有衛生之經無長生之藥帝嘉其誠每召就坐即勸帝少殺戮及慈孝之說癸未春勅建長春宮仍賜金符其徒得乘傳往還　雲山集

陳時可長春真人本行碑長春子穴居磻溪日乞一

食行則一蓑人謂之蓑衣先生大定二十八年徵赴京師官建菴于萬寧宮之西召見于長松島進瑤臺第一層曲眷遇至渥翌日遣中使賜上林桃師不食茶果者十餘年矣至是取其一啗之重上賜也己卯之冬成吉思皇帝命侍臣劉仲祿持詔迎師明年春啟行夏四月道出居庸夜遇羣盜皆稽顙以退又明年踰嶺而北壬午四月見皇帝于大雪山之陽明年春住燕京大天長觀繼而行省又施瓊華島爲觀丁亥五月有旨以瓊華島爲萬安宮天長觀爲長春宮六月雷雨大作太液池之南岸崩裂水入東湖聲聞數里魚鱉悉去北口山亦摧師曰山摧池枯吾將與之俱乎七月九日留頌葆光而歸真焉　甘水仙源錄

又白雲觀處順堂會葬記長春宗師旣逝嗣其道者尹公乃易其宮之東甲第爲觀號曰白雲明年四月除地建址凡四旬堂成榜之曰處順旣祥奉骨以葬求予爲記以會葬者之名氏刻于石之陰或曰昔莊子之將死也弟子欲厚葬之曰恐烏鳶之食夫子也莊子曰在上爲烏鳶食在下爲螻蟻食奪彼與此何其偏也老聃之死也秦佚弔之三號而出曰適來夫子時也適去夫子順也安時而處順哀樂不能入也道宗者流學老聃者也今長春子之徒以處順名其堂而其師反眞之日相與嚴敦匠之事且噭然哭之哀及至葬大備其禮四方來會者萬人有司衛之以兵甲其厚且備若是豈老莊之旨乎應之曰吾書生也試以孔孟之事語子可乎孟子曰昔者孔子歿門人治任將歸入揖于子貢相向而哭皆失聲然後歸子貢反築室于場獨居三年然後歸今也遊長春子之門者旣學其道矣能不以墨者之薄葬其師又將愼終追遠如子貢之徒何害其爲達哉因書其事爲記 同上

王粹長春眞人贊猗歟長者不可復得三朝推尊才學功德閔此兵戈遠涉西北九九乃終世人莫測 同上

尹志平字太和萊州人受易于郝太古覲長春眞人于棲霞觀執弟子禮太祖皇帝徵長春眞人師勸行北上時從者十八人師爲之冠 弋轂尹宗師碑

李志常字浩然觀城人爲長春弟子己卯冬詔起長春師于東萊從行者十有八人公其一也著西遊記二卷王鶚真常真人道行碑

張志素號谷神子睢陽人長春徵自海濱首以好生惡殺一言感九重而風四海師始于侍海嶠之遊赴龍庭之召迄于環西域之轍稅燕城之駕間關萬里首尾四十年未嘗失長春意暫違几杖孟祺張真師道行碑

潛德沖字仲和齊東人長春高弟一十八人世稱爲十八大士師其一也從長春西覲還燕克燕京都道籙兼領長春宮事徒單公履沖和真人神道碑

夏志誠章丘人己卯國朝遣使召宗師公亦從北行及還燕宗師命主玉虛觀事尋提點長春宮姬志真夏真人道行碑

于志可字顯道寧海人從宗師應詔同處燕京大長春宮曲肱順化于白雲觀李鼎沖虛大師于公墓碣

綦志遠字子元掖縣人從長春跋涉萬里見上于西域雪山之陽同東至燕總知長春宮門事李庭白雲真人綦公道行碑

孟志源字德清其先本徒單氏大定末遷膠水君孟氏宅人因以孟氏稱之聖朝遣便宜劉仲祿起長春于海濱門人中選道行清實可以從行者得十八人公其一也副知長春宮事遷知宮授宮門提舉遷提點李鼎弘道真人孟公碑

按長春子應詔從行至雪山者一十八人其

見于李孟謙所録者合潘九峯數之僅九人而已

長春宮方丈西有堂曰萃元側有小樓積書萬卷眞常李眞人以鎖鑰付張志敬恣所窺覽大暢元旨中統三年制曰元門掌教眞人張志敬自童子身着道士服志行修潔問學淹該甫踰不惑之年純作難能之事增光前輩垂裕後人可賜號光先體道誠明眞人至元二年就長春宮設金籙大醮有羣鶴翔舞下掠壇墠去而復來者累日天子命詞臣作瑞應記刻之碑 甘水仙源錄

道士申志眞字正之太原人嘗爲道教提點住京師長春宮舊傳道士十七人坐與釋教持論不勝落髮爲僧者志眞其一也 困學齋雜抄

王粹字子正北平人遇眞常北面執弟子禮居長春宮之萃元堂嗜讀書作文尤長于詩有陶韋之風 甘水仙源錄

張本字敏之觀津人貞祐元年中詞賦高第工大篆八分正大九年以翰林學士使北見留遂隱爲黃冠居燕京長春宮 同上

虞伯生游長春宮詩序國朝初作大都于燕京北東大遷民實之燕城廢惟浮屠老子之宮得不毀亦其侈麗瓌偉有足以憑依而自久是故迨今二十餘年京師民物日以阜繁而歲時游觀尤以故城爲盛獨所謂長春宮者壓城西北隅幽迥亢爽游者或未必窮其趣而幽人奇士樂于臨眺往往得意乎其間大

德八年春集與豫章周儀之四明袁伯長宣城貢仲章廣信劉自謙廬陵曾益初始得登于其宮之閣而觀之神京雄據之勢瞭然几席之間於是古昔之疆理近代之興廢因得指而論之信可謂奇觀者矣嗟夫遠蹈幽隘者無與乎宏達之觀近爲世用者何有于間曠之適今吾六人者幸生明時以得從事于斯也然而簡書責任之所不及迺得以其深懷遠志一肆夫登臨覽觀之勝豈非天與古之能賦者其有哀樂所感必托歌詩以見志茲獨不可相與諷咏以待夫後之知者耶況乎人生出處聚散不可常也邂逅一日之樂固有足惜者矣豈獨感慨于陳迹而已哉乃以蓬萊山在何處爲韻以齒敘而賦之得古詩六

首別因仲章所賦倡和又得律詩十有三首粹爲一卷謹敘而藏之 道園學古錄

梁濟同遊長春宮遺址詩序長春宮在北京城西南十里金故城中白雲觀之西也元方士丘眞人者與其徒嘗居於此當是時琳宮祕宇儗於王者今其宮既毀獨其遺址存據平陸巍然以高登而覽之猶足以盡夫都邑之勝蓋其東則都城臺闕府庫之壯其南則曠然原陸而薊門高丘之間荒臺遺沼之可見者皆昔者遼與金所嘗經營其間者也其西則西山之崖蒼翠紺碧隱然煙霞之中其北則連山崔巍雄關壯峙凡仕於朝與居于城中者蓋未嘗知唯間暇登覽於此而後得之也是時皇上親御六師于陰山

大漠之北故凡居守侍從之臣皆優游無事遂相與遨焉既周覽而樂之因又以知夫國都之壯且險誠天府之固也詩曰之綱之紀燕及朋友又曰不懈於位民之攸塈此言人君能振作綱紀勤勞于其上而臣民賴之以安也由是觀之今吾二三人得以恬然嬉遊於此者其誰之力邪夫士君子歡娛盛美之事多在於太平之日而能託之歌詠則有以傳之永久況元之諸賢若虞公邵菴袁公伯長皆嘗臨眺而賦詠焉因以其所分韻蓬萊山在何處爲韻各賦六首同時賦者翰林侍讀鄒緝仲熙曾棨子啟修撰王英時彦王直行儉刑部主事周忱恂如其一人則潛也六人之作見於辭者各不同而其志氣則皆可謂盛矣既相與錄而藏之因爲之序俾後之人得而讀之尚能想見夫今日之盛也哉 泊菴集

張養浩過長春宮詩徃年嘗夢蓬萊宮三山鰲背搖虛空滄溟俯視一衣帶銀河皷浪來天風玆遊良不異疇昔半日惝恍迷西東平生頗似有仙分足迹未到神先通層樓複觀此誰構只疑天巧非人工繞簷松影黑於海步驚棲鶴翔雲中西山亦喜得佳客巍峩相向如爭功遼金興廢渺何許今人一笑憐雞虫須臾遍歷至方丈壺酒盤菓羅青紅心清已覺破煩暑左右況復扇兩童道人見我樂幽勝故爲留戀談無窮鼎鐺百沸失膏火風水萬里忘萍蓬黙求詩句爲相答半醉揮出毫端虹煙雲滿室動鬼神不但爲

彼開盲聾笑談人境兩相稱此會詎與尋常同郤愁
歸去到塵世又隨俗迹墮樊籠 歸田類稿
袁桷遊長春宮詩珠宮敞殊界積構中天臺神清歷
倒景青紅隱蓬萊羣山助其雄亥亥從西來八荒昔
禹甸爲此增崔嵬舊邑環蟻垤清泉覆流盃雲低落
山浄莽蒼同飛埃緬懷古僊伯采芝雪氈毾長春豈
酒國殺氣爲之迴天風起高寒玉珮聲徘徊空餘水
中輪歷錄環春雷之人去巳久松聲有餘哀 清容居
士集
又莅醮長春宮詩飄飄笙鶴雨絲輕聽徹靈璈曲再
成玉案香分花有影瑶堦松暝露無聲九枝燈裏開
眞景三素雲中賀太平莫怪錦袍衣袖冷還家從此

美長生 同上
又游長春宮詩積翠中天下土昏坡陁深處轉金門
松間不遇采芝客雲裏空憐打麥村華表鶴歸城巳
換滄洲人去柳空存高堂靈骨疑金鑠應許重游得
細論 同上
葛邏祿迺賢長春宮詩羸驂蹋秋草迢遞謁琳宮松
子花旎落溪流板閣通樓臺非下土環珮想高風草
昧艱難日神仙第一功 金臺集
聶大年長春宮詩藥宮琪樹罷棲鸞空有元都太古
壇野老不尋餐玉訣山人自製切雲冠杖龍化去秋
池竭笙鶴歸來夜月寒前度劉郎眞好事種桃留與
後人看 東軒集

程敏政過白雲觀詩紅塵飛盡白雲生一徑深深草樹平丹竈已空仙去遠琳宮猶枕舊遼城篁墩集

陳音九日長春觀作長春宮殿鎖寒煙駐馬斜陽錦樹邊白鶴不歸雲影外黄花仍發酒杯前愧齋集

朱國祚題白雲觀詩一言止殺古人難多少逋臣藉爾安辛苦捐軀文信國得歸也擬着黄冠介石齋集

黄鳳翔遊長春宮故址詩平野敞崇阜寒烟擁榛蕪淒然狐兎窟曩爲眞人居琳宮御賜額延訪寵數殊徒衆聚如林世握黄金符院宇何年頽遺踪猶勝區我來恣騁眺意與浮雲舒秋風正蕭索懷古一長吁試問緱山鶴窈茫今有無黄宗伯集

詹正至元間監醮長春宮見羽士丈室古鏡狀似秋葉背有金刻宣和御寶四字有感因賦霓裳序中第一詞一規古蟾魄瞥過宣和幾春色知那箇柳絲花怯曾槎玉團香塗雲抹月龍章鳳刻是如何兒女消得便孤了翠鸞何限人更在天北磨滅古今離別幸相從薊門仙客蕭然林下秋葉對雲濾星疎眉青影白佳人已傾國謾贏得癡銅舊畫興亡事道人知否見了也華髮元詩餘

鍾了髻年百有十四寓白雲觀其人短而黧髮半白問何以壽曰不要不多飲不怒不識數月弇州山人稿

眞常觀長春宮之别院也眞常李公所刱因以名之初宮之西正與朝元閣相直可一里所有廢地一區眞常偶過其處披荆棘躡瓦礫登北阜之上徘徊久之謂從

者曰此可居也吾他日將老于茲爲暇日除荊棘茟去瓦礫發地而土膏滋鑿井而水泉冽遂葺治蔬圃樹雜木版築未施而眞常棄世嗣教誠明張眞人繼眞常遺意搆三淸殿九眞堂靈官之祠祈眞之壇齋堂廚舍又搆靜室以居年高不任役者 甘水仙源錄

長春丘公來自海上應太祖皇帝之聘越金山而入西域弟子從行者十八人各有科品隸琴書科則眞人冲和潘公也及南歸居燕歲壬辰廣陽坊居民有貨其居者潘公貿之以爲長春別館建正殿翼以左右室築琴臺于殿之陰金有名琴二曰春雷曰玉振皆在承華殿貞祐之變玉振爲長春所得命公藏之故以名其臺觀成以淸逸名之潘公自號九峯老人 同上

廣恩寺遼之奉福寺也在白雲觀西南地名栗園按遼史南京有栗園蕭韓家奴嘗典之疑卽此地也土人目寺爲三教寺中有石幢題曰守司空豳國公中書令奉爲故太尉大師特建佛頂尊勝陀羅尼幢記講僧眞延撰并書末云淸寧九年歲次癸卯七月庚子朔十三日壬子記幢南有碑正統初太監僧保錢安立 析津日記

太康十年正月復建南京奉福寺浮圖 遼史道宗紀

遼佛頂尊勝陀羅尼幢記京師奉福寺懺悔主崇祿大夫檢校太尉純慧大師之息化也附靈塔之巽位樹佛頂尊勝陀羅尼幢廣丈有尺門弟子狀師實行以記爲請大師諱非濁字貞照俗姓張氏其先范陽人重熙初禮故守太師兼侍中圓融國師爲師居無

何嬰脚疾乃遯匿盤山敷課于白繖蓋毎宴坐誦持常有山神敬侍壽克痊八年冬有詔赴闕興宗皇帝賜以紫衣十八年勅授上京管內都僧錄秩滿授燕京管內左街僧錄屬鼎駕上仙驛徵赴闕今上以師受眷先朝乃恩加崇祿大夫檢校太保次年加檢校太傅太尉師搜訪闕章聿修膚典撰往生集二十卷進呈上嘉賛久之親爲帙引壽命龕次入藏清寧六年春鑾輿幸燕回次花林師侍坐于殿而受燕京管內懺悔主菩薩戒師明年二月設壇于本寺懺受之徒不可勝紀九年四月示疾告終于竹林寺卽以其年五月移窆于昌平縣司空幽國公仰師高躅建立寺塔并營是幢庶陵谷有遷而音塵不泯清寧九年五月講僧眞延撰并書

勅賜廣恩寺碑北京西南去都城五里有奉福寺中建殿曰大慈殿之前曰天王殿左曰文殊右曰普賢殿後爲無量壽佛左右殿二左奉大梵尊天右奉帝釋尊天四周翼以長廊天王殿之前左右爲樓以置鐘鼓中爲碑亭又前爲金剛殿廊之東爲齋堂爲厨爲庫廊之西爲禪堂爲茶房廊之東西隅俱爲方丈其齋堂禪堂以南皆爲僧房肇于宣德十年冬十月至正統二年二月告成上聞賜名廣恩寺方辟土得白金五錠重二百六十兩以資工費復得巨石一方于西南隅地中遂以爲碑太監僧保錢安識

南京栗園司典南京栗園 遼史百官志

蕭韓家奴爲右通造典南京栗園帝嘗從容問曰卿居外有異聞乎對曰臣知炒栗小者熟則大者必生大者熟則小者必焦使大小均熟始爲盡美不知其他帝大笑 遼史本傳

眞空寺在廣寧門外明景泰中建正德年圮世宗入繼大統羣臣迎于郊外帳殿駐于寺之西太監李某捐金修之大學士張治撰碑寺後有古松二其一已枯 析津日記

萬曆六年六月大學士張居正抵京上賜宴于眞空寺 神宗實錄

陸可教夏日出郊憩眞空寺詩古刹閒相過西郊日未曛一燈僧自定諸界鳥空聞松影禪房合煙光驛

道分更憐歸路晚馬足有殘雲 金華詩萃

高道素題眞空寺壁詩眞空寺後雙松樹曾見先皇駐蹕初三讓豈宜臨便殿百年猶共識遺墟離莚慣聽悲歌續佛火偏存浩刼餘高坐道人無恙在願聞第一義何如 景元堂集

十里村見元人何太虛詩當在彰義門外今莫知其處矣 析津日記

何中宿十里村詩朝出順承門暮宿十里村臂鷹獵騎歸積雪明郊原居人喜客來汲井隣墻温羹湯稍暖熱餅餌亦燒燔此久羈旅意深知路人恩重林隱城堞望此勞心魂 知非堂藁

哀忠墓在府西南相傳唐太宗見隋煬帝征遼所亡士

卒骸骨惻然憫之令悉收葬爲一大冢因名 明一統志

義井菴在天寧寺西十里復十里至盧溝橋義井或曰蜜井相傳文皇駐蹕甘其泉故名菴爲中涓所修初挪寶閣高入雲漢中范丈六金身稱之 長安客話

元太保劉秉忠墓在盧溝橋北墓前石獸尚在或云太保與其弟秉恕墓俱在邢臺縣嘉靖中爲盜李淮等所發壙石盡勒諸盜名官驗得之按名捕盜無得脫者 同上

姚廣孝春日謁劉太保墓作芳時登壟謁藏春兵後松楸化斷薪雲暗平原眠石獸雨荒深隧泣山神殘碑蘚蝕文章舊異代人傳姓字新華表不存歸鶴怨幾多行客淚沾巾 逃虛子集

袁珙詩橋南橋北數家村水遶山迴到墓門此日英靈何處在獨留華表對黃昏 柳莊集

宋本墓在城西三十里擫山村元翰林待制謝端撰銘寰宇通志

玉河廢縣在府西四十里本薊縣地五代時劉仁恭置方輿紀要

玉河縣本泉山地劉仁恭于大安山創宮觀師煉丹羽化之術于方士王若訥因割薊縣分置以供給之 遼史

盧溝河南過長店岡而西有縣村疑即古玉河縣故址然唐時幽州管內尚有廣平縣亦分薊州置者所謂縣村宛未定爲何縣也 國門近游錄

夕月壇在阜成門外繚以垣墻嘉靖九年建東向爲制

一成祭用牲玉獻舞如朝日儀惟樂六奏從祀二十八宿木火土金水五星周天星辰壇方廣四丈高四尺六寸面白琉璃階六級俱白石內靈星門四東門外爲瘞池東北爲具服殿南門外爲神庫西南爲宰牲亭神厨祭器庫北門外爲鐘樓遣官房外天門二座東天門外北爲禮神坊護壇地三十六畝祭之日以寅祭之時以亥 春明夢餘錄

夕月壇每三歲一親祭以丑辰未戌年行事朝日則遣文臣夕月則遣武職 嘉靖祀典

秋分祭夜明于夕月壇夜明之神東向二十八宿之神周天星辰之神木火土金水星之神南向夜明之神位版黃地素書五星二十八宿周天星辰之神俱綠地金字 同上

衍法寺有勅建碑 順天府志

資福寺明正統間僧圓昇建至嘉靖初尚膳監太監馬潮修之中有山西按察司僉事督理宣府邊儲四明錢俊民碑書之者禮部左侍郎任丘李時也殿前塔上勒片石有壬寅三月三日字未知何時所建 淥水亭雜識

慈慧寺去平則門僅二里萬曆間蜀僧愚菴所創寺中栴檀金像乃黃太史輝手自撥蠟精工特甚寺碑陶太史望齡撰文黃太史書丹外有蜘蛛碑廿井碑金剛塔碑並稱能品 長安客話

慈慧寺成于萬曆壬寅周匝列大樹墻百堵砌以亂石

隨其稜角曰虎皮墻寺後有閣供栴檀佛黃南充輝手定坯笵寺有蜘蛛塔碑甘井碑金剛塔碑皆南充書蜘蛛塔者南充誦金剛經次一蜘蛛緣案上正中立向佛而伏驅之盤跚復來就前位南充曰聽經來耶誦經終卷蜘蛛寂然舉而視之遺蛻耳以沙門法龕而塔之帝京景物畧

慈慧寺後不二里有靜樂堂其墻陰皆宮人葬處所謂宮人斜也長安客話

古葬宮人之所謂之宮人斜京城阜成門外五里許有靜樂堂磚甃二井屋以塔南逼方尺門謹閉之井前結石爲洞四方通風宮人有病非有名稱者例不賜墓則出之禁城後順貞門傍右門承以殮具舁出元武門經北上門北中門達安樂堂授其守者召本堂土工移北安門外易以朱棺禮送之靜樂堂火葬塔井中凡宮人故必請旨凡出必以銅符合符乃遣嘉靖末有貴嬪捐貲易民地數畝其焚燼不願井者悉內地中菊隱紀聞

蔣山卿出西直門望西山詩路出西郊外尋幽興已賒徑廻迷落日林合隱疎花山色爭迎馬湖光欲泛槎翠微多少寺處處足烟霞南泠集

齊園在西直門稍右園盡則高梁橋矣園中海棠甚多西鑿一曲磵引橋下水灌之上作板橋亭邊有叢竹燕都遊覽志

高梁閘在西直門外迤北一里至元二十九年建名西城閘水部備考

高梁河離西直門僅半里橋跨河上茲水源發西山滙爲西河東爲小渠由此入大內稱玉河水急而清魚之沉水底者鱗鬣皆見橋北精藍碁置歲四月八日爲浴佛會四方來觀肩摩轂擊浹旬乃已 長安客話

高梁橋踈柳沿溪夾岸依依有江南之色 寓林集

過高梁橋楊柳夾道帶以清流洞見沙石佛舍傍水結構精寮朱戶粉垣隱見林中者不可悉數 珂雪齋集

水從玉泉來三十里至橋下夾岸高柳絲垂到水綠樹紺宇酒旗亭臺廣畝小池蔭爽交匝歲清明日都人踏青輿者騎者步者游人以萬計浴佛日重午游亦如之 帝京景物畧

薊東一十里有高梁之水 魏氏土地記

濕水又東南高梁之水注焉水出薊城西北平地泉東注經燕王陵北又東逕薊城北又東南流入濕水浴諺云高梁無上源清泉無下尾葢以高梁微涓淺薄裁足津通憑藉涓流方成川甽清泉至潞所在枝分更爲微津散漫難尋故也 水經注

大城東門內道左有魏征南將軍建城鄉景侯劉靖碑晉司隸校尉王密表功加于民宜在祀典以元嘉四年九月二十日刊石建碑碑云魏使持節都督河北道諸軍事征北將軍建城鄉侯沛國劉靖字文恭登梁山以觀源流相原隰以度形勢嘉武安之通渠羨秦民之殷富乃使帳下督丁鴻軍士千人以嘉平二年立遏於水道高梁河造戾陵遏開車箱渠其遏表云高梁河水者

出自并州黄河之别源時長岸峻固直截中流積石籠以爲主遏高一丈東西長三十丈南北廣七十餘步依北岸立水門門廣四丈立水遏長十丈山水暴展則乘遏東下平流守常則自門北入灌田歲二千頃凡所封地百餘萬畝至景元三年辛酉詔書以民食轉廣陸廢不瞻遣謁者樊晨更制水門限田千頃刻地四千三百一十六頃出給郡縣改定田五千九百三十頃水流乘車箱渠自薊西北逕昌平東盡漁陽潞縣凡所潤合四五百里所灌田萬有餘頃高下孔濟原隰底平疏之斯溉決之斯散導渠口以爲濤門灑滮池以爲甘澤施加于當時敷被于後世晉元康四年君少子驍騎將軍平鄉侯弘受命使持節監幽州諸軍事領護烏丸校尉寧

朔將軍遏立積三十六載至五年夏六月洪水暴出毁損四分之三剩北岸七十餘丈上渠車箱所在漫溢追惟前立遏之勳親臨山川指授規畧命司馬關内侯逄惲内外將士二千人起長岸立石渠修立遏治水門門廣四丈立水遏五尺興復載利通塞之宜準遵舊制凡用功四萬有餘焉諸部王侯不召而自至繈負而趨事者蓋數千人詩載經始勿亟易稱民忘其勞斯之謂乎於是二府文武之士感秦國思鄭渠之績魏人置豹祀之義乃遐慕仁政追述成功元康五年十月十一日刋石立表以記勳烈并記遏制度永爲後式焉同上

斛律羡轉使持節都督幽平營東燕六州諸軍事幽州刺史導高梁水北合易京東會于潞因以灌田邊儲歲

積轉漕用省公私獲利焉 北齊書本傳

遼乾亨元年七月耶律沙等及宋兵戰于高梁河小卻耶律休哥斜軫橫擊大敗之 遼史景宗紀

承安三年命勿毁高梁河牐從民灌溉 金史

至順三年三月以帝師泛舟于高梁河調衛士三百挽舟 元史文宗紀

顧起元高梁橋詩步屧循堤柳東□雪正消青圍山入寺綠漲水平橋密樹藏鶯久輕絲罥馬遥誰能在朝市偃仰過花朝 嬾眞草堂集

陸啟浤高梁橋作冬郊未經雪殘葉猶戀樹山水入高梁淙淙橋下度萬物靜相忘豁然領奇悟及此見夙心斜陽忽西暮 貢䟝山房詩集

朱茂昞清明日過高梁橋作高梁河水碧彎環半入春城半繞山風柳易斜搖酒幔岸花不斷接禪關看場歷處掉都盧走馬跳丸何事無那得丹青尋好手清明別寫上河圖 石門遺藁

至元七年建大護國仁王寺于高梁河十一年三月寺成十六年八月置大護國仁王寺總管府二十二年正月發諸衛軍六千八百人給護國寺修造 元史世宗紀

大德五年正月奉安昭睿順聖皇后御容于護國仁王寺 元史成宗紀

至治三年十一月勅會福院奉北安王那木罕像于高梁河寺 元史泰定帝紀

虞集劉正奉塑記至元七年世祖皇帝始建大護國

仁王寺嚴梵天佛像求奇工爲之得劉正奉於黃冠師正奉先事青州杞道錄傳其藝及被召又從阿尼哥學西天梵相神思妙合遂爲絕藝凡兩都名刹有塑土範金搏換爲佛者一出正奉之手天下無與比由是上兩賜宮女爲之妻又命以官長其屬迨今四十餘年凡行幸無所不從今上皇帝尤重象教嘗勅正奉非有旨不許擅爲人造神象其見貴異如此正奉名元字秉元薊之寶坻人年七十矣其官曰昭文館大學士正奉大夫秘書監卿 道園學古錄

又大護國仁王寺恒產之碑初至元七年秋昭睿順聖皇后於都城西高梁河之濱大建佛寺三年而成時裕宗在東宮襄善贊美所以奉慈闈尊梵王弘浚海之盛心無所不用其極以佛浚不徒行必依於人人不可以無食中宮乃斥粧奩營產業以豐殖之已而効地獻利者隨方而至物衆事繁建總管府統於內置提舉司提領所分治於外歲滋月積府之政日以懈田失故額租賦不登寺之基日以削至大元年皇太后翼扶明聖慨然思述祖宗之德念昭睿順聖經始之仁罷總管府建會福院以平章政事宣政院使安普忽馬兒不花爲會福院使綜核名實遣官分道約部使者集郡縣吏申畫疆場樹識封畛歷四載始仍舊貫視常歲之入相倍蓰焉凡經隸本院若大都等處者得水地二萬八千六百六十三頃五十一畝有奇陸地三萬四千四百一十四頃二十三畝有

奇山林河泊湖渡陂塘柴葦魚竹場二十九玉石銀鐵銅鹽硝鹻白土煤炭之地十有五栗爲株萬九千六十一酒館一隸河間襄陽江淮等處提舉司提領所者得水地萬三千六百五十一頃陸地二萬九千八百五頃六十八畝有奇江淮酒館百有四十湖泊津渡六十有一稅務閘壩各一內外人戸總三萬七千五十九實賦役者萬七千九百八十八殿宇爲間百七十五靈星門十房舍爲間二千六十五牛具六百二十八江淮牛之隸官者百三十有三經界既正版籍既一皇帝以爲能稱孝養意進封安普泰國公辭上日爾逮事世祖乃累朝舊臣封以此毋庸辭出制書親授之皇太后樂其有成功也命詞臣載文勒石以垂永久嗚呼一寺之政必得其人乃舉況天下之大四海之衆乎 同上

巡河廠在高梁橋稍西門外臨流內環以渚水東西兩軒東可待月西則諸山濃黛涵浴水光中中貴多於此游觀 燕都遊覽志

廣通寺在巡河廠北崇基若一岡阜累級而升寺門前繚以短垣寺四角有高樓可以眺望亦春遊一勝地 同上

廣通寺元之汾王寺也內有二碑皆嘉靖中大學士華亭徐階所撰餘姚李本書成國公朱希忠篆額碑稱寺係至元間本剎住持貴吉祥建至明更額廣通內官監太監田用御馬監太監梁經修之燕都游覽志謂崇基

若岡阜累級而升今去周行止二三尺耳 涿水亭雜識

極樂寺門外有二柳高拂天長條蹴地可掃馬蹄寺中有松亦佳 燕都游覽志

極樂寺去高梁橋三里馬行濃綠中若張蓋殿前有松數株松身鮮翠嫩黄斑剝若大魚鱗可七八圍 瀟碧堂集

寺臨水有垂楊婀娜甚殿前四松遮蔭不見一人寺左國花堂花已凋殘惟存故畦耳堂左有三層樓望西山惜樹封之 燕都游覽志

寺成化中建中有牡丹園春日游屐恒滿園有高樓萬曆壬辰進士臚鳴鸞欲登之寺僧辭以久扃不便開臚不聽甫登樓火發臚與樓俱燼 春明夢餘錄

大眞覺寺在極樂寺西内有金剛座上置五小座藏如來金身永樂間西域中印土僧所獻規製前此未有也 寓林集

眞覺寺浮圖高五六丈許而上爲塔五方趺其頂山林城市之勝收焉 緱山集

眞覺寺原名正覺寺乃蒙古人所建寺後一塔甚高名金剛寶座從暗竇中左右入蝸旋以躋于顛爲平臺臺上湧小塔五座內藏如來金身金剛座之左偏又一浮屠傳是憲宗皇帝生葬衣冠處前臨橋橋臨大道夾道長楊綠陰如幕清流映帶尤可取也 燕都游覽志

成祖文皇帝時西番板的達來貢金佛五軀金剛寶座規式詔封大國師賜金印建寺居之寺賜名眞覺成化

九年詔寺準中印度式建寶座累石臺五丈藏級于壁左右蝸旋而上頂平爲臺列塔五各二丈塔刻梵字梵寶梵華塔前有成化御製碑 帝京景物畧

眞覺寺塔規制特奇寺有姚夔碑記稱永樂中國師五明板的達召見于武英殿帝與語悅之爲造寺石臺則成化九年所建也 析津日記

明憲宗皇帝御製眞覺寺金剛寶座記畧永樂初年有西域梵僧曰板的達大國師貢金身諸佛之像金剛寶座之式由是擇地西關外建立眞覺寺創治金身寶座弗克易就于茲有年朕念善果未完必欲新之命工督修殿宇創金剛寶座以石爲之基高數丈上有五佛分爲五塔其丈尺規矩與中印土之寶座

無以異也成化癸巳十一月告成立石

朱衡眞覺寺五塔詩勝地塵埃少中天洞壑孤雲櫺欵縹緲風磴入虛無檻外三天界尊前五岳圖何當探慧鏡一爲照迷途 鎮山集

何棟登眞覺寺浮圖詩凌空垂寶塔撥霧出銅盤影照青蓮色光寒白露團霞標窺日近風洞洩雲寒靜坐觀空界天花遶石壇 太華集

嘉興觀在阜成門稍北而西逕路兩傍多樹自此至雙峯寺北過白石橋觀有小閣絕高西即利瑪竇墳 燕都游覽志

白石閘西至青龍閘二十里至元二十九年建 水部備考

鎮國寺在白石橋 順天府志

致和元年三月命僧千人修佛事于鎮國寺 元史泰定帝紀

駙馬都尉萬公白石莊在白石橋稍北臺榭數重古木多合抱竹色蔥蒨盛夏不知有暑附郭園亭當為第一 燕都游覽志

萬駙馬白石莊有爽閣鬱岡軒翳月池 帝京景物畧

劉榮嗣白石莊萬都尉園作仙圃宜秋色相將戀夕曛松青新濯雨槐古舊侵雲竹牖池光合山樓石翠分鳳簫遺韻在擬向月中聞 半舫集

延壽菴在白石橋西二里殿宇精嚴其後高樓九楹左右翼樓各五楹一啟西窗嘉木纖蘿紛敷翳薈西山隱映若以翠屏圍之 燕都游覽志

萬曆四年西竺南印土僧左吉古魯東入中國初息天寧寺後過阜成門外二里溝見一松盤覆趺坐其下黙持陀羅尼咒匝月不食僧耳環手鉢紅罽衣著紫面而髯髮肖古達摩相畢長侍奏之賜織金禪衣為建寺曰西域雙林寺殿供三大士西番變相也寺後一土山山前一塔傍多朱櫻 帝京景物畧

萬曆初大璫馮保營葬地造寺曰雙林雙林馮之別字也 穀城山房集

于慎行雙林寺歌道旁佛宮誰者築珠樓寶殿橫山麓僧徒指點為予說此寺方成主人逐憶昨十載氣薰天吐納日月揮雲煙外廷稍引三公勢內禁親操

六璽權出入鈎陳兩筦鑰笑談甲觀走金蟬建寺平
侵貴主地施僧直請大官錢輸米多寶堆成塔輦盡
黃金布作田浛官梵宇何連曼勝地名區看不斷墓
上林園學九陵祠前樓閣成雙觀落成牛酒國親供
建醮香花天女獻吁嗟此寺默渺卜赤刀已欲盈千
萬我皇神威符世祖距脫大奸俯地取郭家金穴入
水衡鄧氏銅山歸少府盧兒解玉乞街衢宅婦懷簪
隨卒虜惟餘此寺在郊原虹梁綺構誰爲主蛛網空
懸梵鐸風青苔自鎖瑲琅雨盛衰轉盼那不有幾年
翻覆看如許君不見江陵城頭土三尺若敖餒鬼不
來食一代賢豪此謂何爾全首領恩已極 同上
馮琦雙林寺歌長安春風能幾許陣陣化作秋來雨

蒼狗白衣那可辨古今榮瘁寧堪數君不見元明宮
君不見雙林寺雙林寺主跡如掃路人猶說繁華事
憶昔金貂近帝樞轉日回天傾上都九列有時闕進
退五侯無敢同馳驅縱橫五鹿客交結霍家奴城中
甲第連白虎城外浮圖下赤烏浮圖矯矯凌雲際乘
豹驂貍闕神異天中畫棟盤龍螭階下豐碑蹲贔屭
天子親爲降勅書宰相不惜書名字布金刻玉神亦
妨釁血塗膏鬼所忌從來執權如抱虎黃鉞一下無
處所半夜雷霆飛赤霄百萬金錢歸少府罪厚難徼
帝釋靈譴輕未霽君王怒大第深沉別有人野寺淒
涼已無主試看今日蓬與蒿試看舊日石與牢豪華
意氣竟何在寂寞樓臺空復高黃金臺前車已覆黃

金鳩中滿巳撲何處流人泣向隅何人貴近欣當軸一度花開一度春一年世事一回新惟有寺前松栢樹年年長對往來人 北海集

興教寺在雙林寺東成化二十一年建以居大興汾王結幹領占者 帝京景物畧

至元七年二月築昭應宮于高梁河 元史世祖紀

大德五年二月賜昭應宮地百頃 元史成宗紀

昭應宮在雙林寺西元至元中建龜蛇兆焉正德八年修蛇復馴出赤質黒章金文爛然大學士費宏碑文記之 帝京景物畧

馬中錫過昭應宮詩翠濕松梢露滴珠洞門下馬獨躊躇丹成勾漏知何在花發元都恐未如游客漫勞題鳳字道人不喜換鵞書分明也住人間世偏自相逢説步虛 東田漫稿

雙林寺西二里有神虎橋橋四石虎萬曆中一虎夜逸遂名三虎橋 帝京景物畧

大佛寺在西直門北三里寺後有高阜積土甃石爲之廣袤幾二里山上有眞武祠踏青士女正月必先至其地 燕都游覽志

明正德癸酉司禮監太監張雄建寺于宛平縣香山鄉畏吾村賜額曰大慧并護勑勒于碑寺有大悲殿重簷架之中範銅爲佛像高五丈土人遂呼爲大佛寺嘉靖中太監麥提督東廠於其左增蓋佑聖觀於是合寺觀計之殿宇凡一百八十三楹拓地四百二十一畒蓋是

時世宗方信道士而厭緇流內官惟恐寺刹之毀故建道觀於其旁而寺後之山又有眞武祠藉此以存寺也寺之始建大學士茶陵李東陽爲碑工部尚書湯陰李鏜書之新寧伯譚祐篆額其增置佑聖觀也大學士餘姚李本撰文禮部尚書高安吳山書之成國公朱希忠篆額其後萬曆壬辰重修則太子太保禮部尚書太倉王錫爵撰記 淥水亭雜識

李東陽墓在城西畏吾村 順天府志

西涯墓在北京城外其家族姓漸微至以墓前白石碑搗碎與販鹽者秤和以賣吁可慨也 瓦釜漫記

出眞覺寺循河五里玉虹偃臥界以朱欄爲廣源閘俗稱豆腐閘即此閘引西河水東注深不盈尺宸游則啓

水滿河可行龍舟繚溪雜植槐柳合抱交柯雲覆溪上爲龍舟駐處每通惠河水涸糧運不前則遣官於此祭禱請水焉 長安客話

廣源閘在西直門西七里至元二十六年建 水部備考

英廟文宗兩朝御舟藏廣源閘上別港 燕石集

何御廣源閘望西山詩山水有佳趣景象在朝墩晨倚河隄望曠然盡平原春餘寂已歇秋容粲復疏峯互對立叠巘迅相奔行入穿露薄樵子出烟村陟嶺遂及巔泝流得窮源詎詢世外樂聊辟區中喧 白湖集

萬壽寺在廣源閘西數十武殿宇極其閎麗寺左鐘樓前臨大道鐘鑄自文皇徑長丈二內外刻佛號彌陀法

華諸品經蒲牢刻楞嚴咒銅質精好字畫整雋相傳爲沈度筆少師姚恭靖公監造近年自宮中移此擊之聲聞數十里有山亭在佛閣後可結趺坐長安客話

萬曆五年三月建萬壽寺于西直門外七里先是京師有番經漢經二廠年久頹圯穆皇帝重修未竟上移貯漢經於此中其正殿曰大延壽閣曰寧安重樓複榭隱暎蔽虧寺後壘石爲三山以奉西方三大士蓋象普陀清凉峨嵋凡占地四頃有奇浹歲卽成時司禮監大璫馮保領其事先助萬金潞邸及諸公主妃嬪以至各中貴無不捐貲其藻繪丹雘視金陵三大刹不啻倍蓰野獲編

萬壽寺在眞覺寺西二里神宗朝勑建丹樓紺宇甍與

大內等蓋上幸山陵嘗爲駐蹕地也方丈築山上有廣榭下峙小亭寺僧云先帝曾於此尚食後有圃數頃賜出萬石大鐘乃太宗時製昔懸于樓邇年有訛言帝里白虎分不宜鳴鐘者遂臥鐘于地燕都游覽志

萬壽寺在廣源閘之西萬曆五年太監馮保奉命作中大延壽殿五楹旁羅漢殿各九楹後藏經閣高廣如中殿左右韋馱達摩殿各三楹方丈後輦石爲山所取土處爲三池山上三大士殿各一三池共一亭山後圃百畞寺碑大學士張居正奉勑撰先是文皇帝鑄大銅鐘內外書華嚴八十一卷銑于間書金剛般若三十二分向藏漢經廠於是有勑懸諸寺日俾六僧擊之天啟中罝不復擊臥地上帝京景物畧

朱國祚萬壽寺詩貝葉三車少華鐘萬石餘聲仍到長樂地合嵩精廬瀟灑入王界莊嚴學士書秋來霜落後流響更何如介石齋集

張居正勅建萬壽寺碑今上踐祚之五年聖母慈聖宣文皇太后出帑儲命司禮監太監馮保卜地于西直門外七里廣源牐之西特建梵刹爲尊藏漢經香火院中爲大延壽殿五楹旁列羅漢殿各九楹前爲鐘皷樓天王殿後爲藏經閣高廣如殿左右爲韋馱達摩殿各三楹修簷交屬方丈庖湢具列又後爲石山山之上爲觀音像下爲禪堂文殊普賢殿山前爲池三後爲亭池各一最後果園一頃標以雜樹環以護寺地四頃工始于萬曆五年三月竣于明年六月

以內臣張進主寺事賜名曰萬壽太岳集

鄭公莊在萬壽寺左度橋而南有亭在平疇亭外俱稻田緣隄蓮芡蓊鄭戚畹園也燕都游覽志

日下舊聞卷二十一終

日下舊聞卷二十一補遺

郊坰三

李夢陽天寧寺觀塔碑作舊瞻天寧塔今覽天寧寺茲塔多鬼怪光芒夜夜至不知何時殿結構今頹棄剔蘚讀其碑識是隋文季蝌蚪半剝落蛟龍猶贔屭我來值時暮攬遊發潛喟修陛抗趙代長山衛燕薊蒼然野眺合一灑楊朱淚 空同集

大都長春宮即舊太極宮也 山中白雲詞

張炎憶舊遊詞看方壺擁翠太極垂光積雪初晴閶闔開黃道正綠章封事飛上層青古臺半壓琪樹引袖拂寒星見玉冷閒坡金明邃宇人住深清 幽尋自來去嘆華表千年天籟無聲別有長生路對花開

花落何處無春露臺深鎖丹氣隔水喚青禽尚記得歸時鶴衣散影都是雲 同上

孫樓郊西詩上苑春偏麗西郊更可憐輕塵花半妥斜陌柳初眠綠樹鶯聲外青山馬首前夕陽南北淀彷彿太湖田 百川集

梵僧鎖喃嚷結能為漢音詰其西來踐歷蹤由云其國名主活近高昌出家法藏寺本周天元時甘露梵王剎東行九萬餘里始達五臺山逢御馬監太監劉潤引至北京雙林寺住萬曆三十年明肅皇太后命住萬壽菴又三年番經廠太監張貴引奏命住雙林寺賜紫衣寶冠命西經廠掌壇教授中貴又賜織金禪衣金段膳盒等物 六研齋筆記

白雲觀西六里羊坊店市西有崇壽寺創于明正德癸酉司設監監正劉允乘所建寺臨官道山門內正殿三楹東西廊各三楹殿前碑二一爲吏部右侍郎兼翰林院學士國史副總裁西蜀温仁和撰文武定侯郭勛篆額南京兵部尚書喬宇書一爲柱國少師兼太子太師吏部尚書謹身殿大學士鉛山費宏撰文惠安伯張偉篆額戸部尚書無錫秦金書 行國錄

普會寺遼之駐蹕寺也在阜成門外玉河鄉池水村嘉靖甲寅御馬監太監蔡秀恭重建土人呼其地爲蔡公店殿前石幢一書大佛頂尊勝陀羅尼後題大朝歲次已酉年十一月十七日宣差濱棣大使張鉢信順疌王府下斷公事官普元奴立未詳時代又嘉靖三十六年

一碑濮陽李廷相文昌黎王槐書鐵鐘一隆慶二年四月造殿後松一本極蒼古意遼時所植也松下石幢一上鐫沙門奉航塔記 詠歸錄

遼駐蹕寺沙門奉航碑記師諱奉航俗姓李氏涿水新城縣渠村人幼入緇門訪道尋師就至燕京左街駐蹕寺禮祥玉上人爲親教焉清寧元年受具自後負笈遊方復歸本寺辦修殿宇大安五年涿州惠化寺請爲提點壽昌二年秋九月京北花嚴寺請爲提點乾統八年四月遷化于駐蹕之本院門弟子善堅塋之祖師塋側刻石爲窣堵波述師實行焉

臣等謹按遼史紀年祗有壽隆而無壽昌是碑書隆作昌未得其詳也

延祐二年禮部尚書元明善代丞相禱雨長春宮孫眞人德或曰明日雨微至須丞相上章自言憂民報國之意小得雨尚書即爲章往白丞相丞相病在臥內使人取章入署名付還眞人一見告尚書曰章觸婦人手且得罪寧敢望雨乎使人問丞相門下果然乃拜伏請罪久之退齋宮俟命夜半眞人曰上帝念民無辜賜之雨三日果雨三日 道園學古錄

元宮人王金蓮晚爲道士提點昭應宮卒贈淵靜元素眞人袁桷草其制 査浦輯聞

萬曆巳未夏予與崑山顧錫疇九疇華亭董象恒臣棐過極樂寺柳陰結軏命酒賦詩予詩有連空碧草皆游幕到處垂楊作酒籌之句九疇極爲賞擊詩不足傳俊

游則不易得也 明水軒日記

天王寺之更名天寧也宣德十年事也今塔下有碑勒更名勅碑陰則正統十年刊行藏經勅也碑後有尊勝陀羅尼石幢遼重熙十七年五月立 輿志

京師天寧寺塔建于隋開皇末規制特異實其中無階級可上蓋專以安佛舍利非登覽之地也其趾爲方臺廣袤各十二丈高可六尺繚以周垣南北有門鑰之臺上爲八觚壇高可四尺象如黃琮塔建其上觚如壇之數塔之趾畧如佛座雕刻錦文華葩鬼物之形上爲扶闌闌四周架鐵燈三層凡三百六十盞每月八日注油然之闌之內起八柱纏以交龍墻連于柱四正琢爲門夾立天王像四隅琢爲牖夾立菩薩像皆陶甓爲之仰

望者疑爲燕山奪玉石也自塔趾至柱椙爲第一層其高約全塔三分之一自是以上飛檐叠栱又十二層每椽之首綴一鈴八觚交角之處又綴一大鈴通計大小鈴三千四百有奇風作時鈴齊鳴若編鐘編磬之相和焉最上一層其南有碑不知何年所立修塔時寺僧有搨本索之不可得也又上露盤相輪鎏金火珠以鎮其頂塔下壇八面各安一鐵鼎高丈餘腹按八方畫八卦明萬曆年所鑄塔前一石幢上刻尊勝陀羅尼遼重熙十七年立帝京景物畧謂是隋開皇年物誤矣幢前有碑覆以亭蓋寺舊名天王宣德十年始改今名碑即勅改題寺名勅也塔後第二殿扁曰大覺再後爲廣善戒壇亭午日射右扉倒影落石上作雙椽燭形蓋扉下偶有二隙光緣此而分也 冷然志

弘化寺在天寧寺東南惟餘一殿存并寺額佛像具亡之矣殿後百餘步有塔不甚高然亦重檐七層其第一層有石陷壁間刻曰僧錄司左善世大慈仁寺開山第一代住持傳曹洞宗師大機老人塔寺西北隅林木中冢纍纍遺碑尚存大璫徐澄王朝等所瘞也 行國錄

廣寧門外御菜園觀音寺一稱海會禪林亦曰紙坊地也成化中上林苑監覃盈建以北有玉河鄉觀音寺土人目爲南觀音寺殿右一碑直文淵閣中書舍人永嘉姜立綱所書也碑建于成化五年正月 隩志

曰雲觀在天寧寺西北前爲玉曆長春之殿庭樹四碑一爲禮部尚書胡濙所撰一爲翰林修撰許彬撰一爲

天順中東嶽部以正立一爲小直沽天妃宮住持李得晟立殿右有儒仙之殿中有塑像赭面黑髯襆頭團花袍玉帶衮補按李道謙甘水仙源錄有觀津張本者正大九年以翰林學士使北見留遂隱爲黄冠居燕長春宮疑卽其人也再入爲七眞翕光之殿左碑一明兵科給事中石首趙士賢撰文右碑一戸部員外郎維揚張瓚撰文堂中列七眞像旁繪十八弟子拂拭塵土隱約可辨者北壁則抱元宗師趙道堅太元宗師宋道安清和宗師尹志平太素宗師孫志堅守一宗師夏志誠明眞宗師何志淸東壁則冲和宗師張志素崇眞宗師李志常洞明宗師綦志淸□□宗師潘得冲西壁則敷化宗師孟志穩光教宗師鄭志修抱朴宗師鞠志圓光範

宗師于志可□□宗師王志明按得晟碑記尚有宋得方張志遠楊志靜三人已漫滅不可復識矣又北爲眞寂堂卽處順堂故址左碑爲陝西按察副使都人劉效祖撰文右碑爲刑部尚書湖南顏頤壽撰文堂中塑丘眞人像二其大者雙瞳點漆精采如生非阿尼哥劉鑾輩不能爲也冲和宗師本潘得冲號而畫壁作張志素又孟志源乃作志穩皆與仙源錄異惟十八人姓名則仙源錄碑所未備也　人海記

白雲觀西土阜高丈餘週圍百步疑卽潘尊師琴臺故址觀於每年正月十九日觀者塡塞號燕九節而劉仲修碑記云是日爲長春眞人誕辰都人士携榼於此謂之讌丘其義不同當並存以資旅話者也　倚晴閣雜抄

極樂寺東有兩花亭石閣擁之眺遠大饒爽致折而西爲通靈觀庭中老柏四株兩人抱之不能合也 青來閣集

王惲清明日游長春宮作嗚珂振轂滿重城花底春光沸玉笙放眼壺天如隔世侍談仙馭勝登瀛松風韻颯金鐺靜竹露光寒鶴夢清且莫臨漪門外去夕陽正在總眞明 自注總眞閣名 秋澗集

臣田謹按元之長春宮本在太液池上非今之白雲觀今附于此

王惲眞常觀記大都南城故宜中里眞常觀爲全眞學者重元子樊君志應所建也崇堂爲殿下至齋廚庫廐靡不修治復置蔬圃一區負郭田二百畝資給

道衆乃洒掃蠲潔廣植花木往來皆一時名公元貞元祀正月五日晨興召門弟子齊道亨劉道安付以後事怡然而逝寧神于五華山道錄劉文甫請述觀記仍爲門人作望思歸來之篇辭曰瓊芝爲冠兮青霞裳遠引高蹈兮與道翱翔至人出世兮化無方驂駕鶴馭兮雲海茲茲偃息有室兮燕處有堂師今不見兮莫知我傷庶幾歸來兮華表之傍 秋澗集

弘治九年官買阜成門外果園一區計地一頃三十畝內建道觀賜額曰元應 薊丘雜抄

西郭外萬壽寺今上所建大內出一鐘成祖時少師姚廣孝監鑄重八萬七千斤徑丈有四尺長丈五尺銅質甚古內外刻華嚴經一部華亭沈度所書鑄時年月日

時皆丁未今徙置之日爲六月十六日亦四丁未相符事亦奇矣燕邸紀聞

北京天寧寺有一磬傳是漢明帝時物毎誦一經靑其經名帖于上則磬自鳴經完乃止耳新

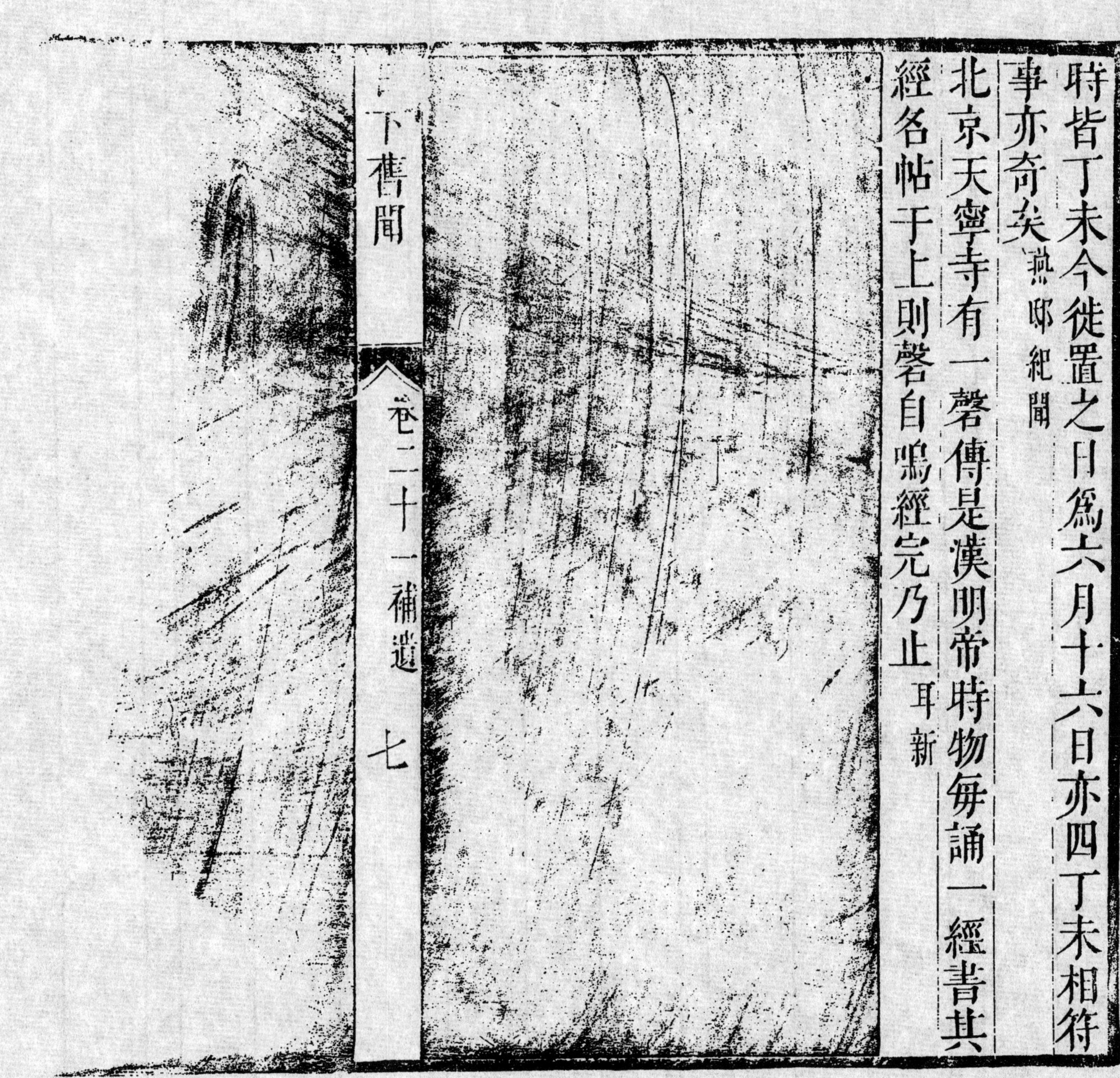

郊坰四

慈壽寺去阜成門八里聖母慈聖皇太后所建蓋正德間大璫谷大用故地經始于萬曆四年凡二歲告成入山門即有窣堵波高入雲表名永安塔華煥精嚴蓋慈聖既捐帑各邸復助之因得速就如此 野獲編

慈壽寺在阜成門外八里宣文皇太后所建成于萬曆六年秋殿宇壯麗一塔聳出雲漢四壁金剛像如生 湧幢小品

八里莊慈壽寺神宗爲慈聖皇太后建也實藏閣係聖母御筆題稍西一道觀世宗時極盛今頹楹殘礎滅没于荒榛翳莽中矣 燕都游覽志

萬曆丙子慈聖皇太后爲穆考薦冥祉神宗祈嗣卜地阜成門外八里建寺焉寺成賜名慈壽勅大學士張居正撰碑時瑞蓮産于慈寧新宫命閣臣申時行許國王錫爵賦之碑勒寺左寺有永安壽塔塔十三級聳雲中中爲延壽殿後爲寧安閣閣扁慈聖手書後殿奉九蓮菩薩太后夢中菩薩數現授太后經乃審厥象范金祀之 帝京景物畧

九蓮菩薩者孝定皇后夢中授經者也覺而一字不遺因録入大藏中旋作慈壽寺其後建九蓮閣内塑菩薩像跨一鳳而九首寺僧相傳菩薩爲孝定前身也 玉堂薈記

張居正勅建慈壽寺碑畧寺在都門阜成關外八里

聖母慈聖宣文皇太后親出供奉金委太監楊輝董其役以萬曆丙子春始事外爲山門天王殿左右列鐘鼓樓內爲永安壽塔中爲延壽殿後爲寧安閣旁爲伽藍祖師大士地藏四殿繚以畫廊百楹禪堂方丈三所又賜園一區莊田三十頃食其衆以老僧覺淳主之中官王臣典領焉寺成名之曰慈壽 太岳集

于慎行勅建慈壽寺碑畧聖母慈聖皇太后與我皇上永懷穆考在天之靈思創福地以薦冥祉乃命內臣卜地于阜成門外八里得太監谷大用故地一區遂出宮中供奉金潞王公主宮眷內侍各捐湯沐經始于萬曆四年二月至六年仲秋既望落成賜名曰慈壽蓋以爲聖母祝也 穀城山房集

陳萬言慈壽寺詩帝城門外剎舍衛國中臺初地三摩入慈宮萬壽開午鐘招雉雀夜雨積莓苔怪底花間客浮名逐夢來 鈃園集

公鼐慈壽寺詩郭外浮圖捧太虛空王臺殿逼宸居蓮花座與青山對貝葉經傳白馬餘燕地風沙飄客淚漢朝陵墓想鑾輿鄉關有夢腸堪斷東望誰傳尺素書 小東園詩集

慈壽寺傍有菴曰摩訶菴不甚大潔淨特勝他菴殿前後多松檜四隅各有高樓疊石爲之登樓一望川原如織西山蒼翠欲與人衣袂接右即法藏菴爲摩訶別院僧無鉉所刱無鉉善琴 長安客話

摩訶菴嘉靖丙午建也菴有樓以望西山天啟中魏璫

過菴下偶指樓曰宜去之卽日毀其西有大乘菴 帝京景物略

黄鳳翔宿摩訶菴詩颼風卷落照倦鳥棲故林獨坐招提中悠悠愜我心徘徊不能歸借榻紆長吟小牖月華入蹤闌雲氣深中庭有孤松清宵騰梵音人世日代謝幽懷無古今繽紛逐塵者羈縶空陸沉僕夫休戒曉吾意欲投簪 黄宗伯集

馮琦宿法藏菴詩妙諦聞龍藏清談過虎谿更從雙樹杪借我一枝棲法界心常淨名琴手自攜曲終人境寂殘月竹房西 北海集

昌運宮太監張永建 行國錄

宛平縣西黄村有勅賜保明寺寺中尼呂氏陜人正統

間駕出關尼送駕苦諫不聽及上還輳復辟念之乃建寺賜額人稱爲皇姑寺 耳譚

順天保明寺是比丘尼焚修處寺建自呂姑正統間諫阻北征不聽後復辟念之封爲御妹建寺賜額藏大順手勅三道有寺人司戸人不易入 燕都游覽志

皇姑寺在京師西山不知所始嘉靖六年丁亥上諭輔臣楊一清云前有旨下部謂尼僧與僧道不同而尼僧寺與僧寺道觀又不同今因桂蕚奏毀尼寺已行下矣今若皇姑寺仍留是不去其根也乃旨出之後三四日不知何日哀奏兩宮皇伯母見諭以皇姑爲孝宗所建似不可毀聖母亦以孝宗爲言蓋小人進禍福之言故兩宮一時傳諭次日聖母又諭欲建一寺卽將此寺與

我亦好蓋此寺乃皇親内宦供給信施必有請告之者矣按世宗此旨已洞見宫掖隱情既而聖諭又下輔臣楊一清等曰慈訓兩頒宜即順命但懲惡須去本方免後患今將此寺房留與無歸尼僧暫住止着終身不許復引其類其祖宗時所賜勅額追回此旨既下其後因循至今又八十年矣尼僧之增日多宣淫日盛檀施亦日益不貲矣蓋其根株既在内廷以世宗英斷尚不能鏟除況後世乎自丁亥後又十年而霍文敏韜爲南禮卿首逐尼僧盡毁其菴金陵一片地頓爾清净霍去而尼復集菴復興更倍徃日矣是時上又密諭閣臣云朕又將有議此寺額名之意并告卿知夫順天保明者明是我朝國號此言尼僧之祖能順聖祖奉天開極此惟

皇天命之何待後日以一妖尼能保大明也哉又云皇姑者尤不好聽言我皇家之姑也當時此寺云勅賜不云勅建便可見非祖宗本意也故朕深嫉之因與卿密知之觀世宗屢諭不特明斷事理且曲揣人情眞是禹鼎秦鏡且開諭輔弼曲從兩宫之意然于實錄中僅載一二語不能如此詳明不知述史者何所諱也予今所紀亦僅十之四五耳 野獲編

按山東濟南長清縣之長城堡亦有皇姑菴覽其遺碑具載呂姑諫阻裕陵北征本末碑稱姑山東人與諸書所紀不同未詳孰是

太傅惠安伯張公園在嘉興觀之右牡丹芍藥各數百畝花時主人制小竹兜供游客行花塍中 燕都游覽志

惠安伯張元善園中牡丹自言經營四十餘年筋力半疲于此花自籬落至門屏無非牡丹也最後一空亭周遭皆芍藥密如韭畦約有十萬餘本 袁中郎集

都城牡丹時無不往觀惠安園者園在嘉興觀西二里堂後牡丹數百畝 帝京景物畧

王世貞過張氏園詩休沐時相過猶言惜未頻風塵餘此地山水更何人高詠消蘭燼清輝掩桂輪氷盤薦沉綠不道故侯貧 弇州山人稿

門頭村去郊西八里許以其地爲西山門徑故名 燕都游覽志

袁宏道詩踏青猶記出青門先問門頭第幾村舊日把杯人已往雜鶯新栁暗傷魂 中郎集

帝京西十五里海墊凡二南則觭于白龍廟又南湊于湖北斜隣嶁岣河又西五里爲甕山又五里爲青龍衍河東南流入于淀之夕陽延而南者五里旁與巴溝隣曰丹稜沜沜之大以百頃十畝瀦爲湖西有貴人別業在焉後有樓沜自垣以西入于樓之滑爲小湖中多菱芡魚蝦上有竹萬個又有石若沙棠甘菊忍冬蘼蕪之屬蔓延以入于沜樓外有大查鐵鎖纜之以度行者南爲官道東入海墊循沜而西町塍相連有石梁曰西勾復瀦爲小溪溪上有大磐石溪中倒映見西山諸峯小魚浛浛如吹雲又南爲陂五六沜水再瀦爲溪有村曰東雉水入地中出于巴溝自溝達于白石以入于高梁湖而北自嶁岣入于西湖東有古祠斷碑尚存乃元上

都路制使朶里眞撰文上有丹稜沜字餘皆磨滅沜雖小然忽瀦忽隱可舟可釣葢神臯之勝也 薊丘集

高梁橋西北十里平地有泉四出瀦爲小溪凡數十處北爲北海淀南爲南海淀北海之水來自巴溝或云巴溝卽南海淀也有石梁一是曰西勾巴溝之旁有水從青龍橋河東南流入于淀南五里爲丹稜沜又南爲陂五六出于巴溝達白石橋與高梁水合 長安客話

巴溝自青龍橋東南入于淀淀南五里丹稜沜沜南陂五六達白石橋與高梁水并沜之西可汎舟李武清以爲園方十里正中挹海堂堂北亭置清雅二字明肅太后手書也園北有橋曰婁兆一曰西勾 帝京景物畧

武清侯別業額曰清華園廣十里園中牡丹多異種以

綠蝴蝶爲最開時足稱花海西北水中起高樓五楹樓上復起一臺俯瞰玉泉諸山御書青天白日四字于中東西書光華乾坤相對字各長二尺餘 燕都游覽志

朱德潤同王編修游西山海子詩晴川低廻山蒼蒼涵烟夾谿十里長山腰澗曲網泉響下激石竇爲微潰枯梢挽風秋色裏修林落葉堆長岡林蹊石露見茅屋時有小徑通微茫招提橫截翠微上闌干九曲雲飛揚自從東書離故鄉脚頭青鞵走山梁山川悠長日月速躋攀方寸何能强太原高人知我意請列紈素書滄浪丹青不關名利眼虎頭癡絕非王郎百年有懷良可哂還拂長松思道場 存復齋稿

王嘉謨海墊嶁兆橋作淵淵溪水中青蒲葉靡靡翳

然林木間幽幽懷信子美細藻唼潛鱗山梁雊文雉鼓
幽復遠涉濟勝艮堪喜夕陽忽西流平湖澹煙起慷
慨賦新詩行歌出山市 薊丘集

又海墊西勾橋上作微風何澹澹宿雨隨人飛遙望
石梁前楊柳蔭重園淵整寂無聲獨行向霏微集芳
自可藉寄賞幸不違徙倚豐林間坦步徐言歸 同上

朱國祚西勾橋卜占東雉村邊水西勾橋下流濯纓
人不至處處浴沙鷗 介石齋集

袁中道海淀集李戚畹園詩滿目塵沙塞路蹊夢魂
久已憶山棲誰知烟水青溪曲只在天都紫陌西鎮
日浮舟穿柳澗有時調馬出花畦到來賓主紛相失
總是仙源路易迷 珂雪齋集

費尚伊海淀莊詩一鑑藏山溜雙虹跨石梁浦蓮侵
檻出溪樹引杯長暑薄青絲絡凉生白苧裳帝城風
日好拚醉到斜陽 市隱園集

師懷瑞友人招飲海淀不果往却寄詩羽扇驅蠅不
暫閒隻烟赤日掩重關輸君匹馬城西去十里荷花
海淀還 游業

李開先游海淀詩序嘉靖乙未三月王遵岩謫判毘
陵武選吳皖山檄呂江峯高熊南沙過翰林唐荆川
順之陳後岡束禮部張少室元孝李克齋遂及予共
八人餞之海甸望日出阜成門至則荒凉殊甚蓋張
昌國以癸巳懼禍已三年矣亭臺傾圮惟水聲潺潺
不異舊時酒酣賦詩皖山先成詩曰五侯臺榭競芳

非三日花深車馬稀絃管不從流水奏綺羅應化暮雲飛空聞玉餫分天府曾覩金葩捧御幃借問樓前桃李月從來此地幾人非次日夏桂洲遂劾張李二司屬無事慢游下獄未久七人相次罷謫晥山幸而獨免詩卷歸于予事如隔世而人多下世愴然作序不惟感諸友之易消歇而且歎大臣之善傾陷也 中麓閒居稿

北淀有園一區水曹郎米萬鍾仲詔新築也曰勺園又曰風煙里中有曰色空天曰太一葉曰松坨曰翠葆榭曰林於澨都人稱曰米家園仲詔念園在郊關不能日涉因繪園中景爲燈丘壑亭臺纖悉具備都人又稱米家燈仲詔於元夕集客賦詩呂邦耀即席口占二首其一曰玉綃疊出上元村雙炬懸來景物繁恍惚重游丘壑裏米家燈是米家園其二曰輕舟寒夜渡無氷波入銀綃訝月升宛似夢中曾一照米家園是米家燈 長安客話

勺園徑曰風煙里入徑亂石磊砢高柳蔭之南有陂陂上橋曰纓雲集蘇子瞻書下橋爲屏墻墻上石曰雀浜勒黄山谷書折而北爲文水陂跨水有齋曰定舫舫西高阜題曰松風水月阜斷爲橋曰逶迤梁主人所自書也踰梁而北爲勺海堂吳文仲篆堂前怪石蹲焉栝子松倚之其右爲曲廊有屋如舫曰太乙葉週遭皆白蓮花也東南皆竹有碑曰林於澨有高樓湧竹林中曰翠葆樓鄒迪光書下樓北行爲槎枒渡亦主人自書又北

爲水樹最後一堂北牕一拓則稻畦千頃不復有繚垣焉燕都游覽志

王思任題句園詩纔辭帝里入風煙處處亭臺鏡裏天夢到江南深樹底吳兒歌板放秋船王季重集

西湖東西二里南北三里葢燕之舊池也淥水澄澹川亭望遠爲游矚之勝所水經注

西湖在玉泉山下環湖十里爲一郡之勝觀紀纂淵海

西湖去玉泉山僅里許即玉泉龍泉所瀦此地最窪受諸泉之委匯爲巨浸土名大泊湖沙禽水鳥出沒隱見于天光雲影中可稱絕勝湖濵舊有釣臺武廟幸西山嘗釣於此萬曆十六年今上謁陵廻鑾幸西山經西湖登龍舟后妃嬪御皆從先期水衡於下流閉水水與岸

平白波淼蕩一望十里內侍潛繫巨魚水中以標識之一舉網紫鱗潑刺波面天顏亦爲解頤是時舳艫青雀首尾相銜即漢之昆明殆不過是近爲南人與水田之利盡決諸窪築堤列塍爲菑爲畬菱芡蓮菰靡不畢具宛然江南風景而長波瀰望則少減矣長安客話

西湖之滸佛寺有十土人名西湖十寺余文敏公集

西湖蓮花千畝以守衛者嚴故花事特盛步長堤息龍王廟香風繞袖至功德寺水漸約花亦減矣瀟碧堂集

過響水閘至龍潭樹益多水益濶是爲西湖盛夏之月芙蓉十里堤柳叢翠中隱見村落行至功德寺有危橋可坐寺僧多業農日旣西馳執畚鍤帶笠而歸水田活活羣蛙亂鳴眞田家之樂也珂雪齋集

西湖方十餘里有山趾其涯曰甕山寺曰圓靜寺左田右湖又三里爲功德寺洪波衍其東幽林出其南路盡叢薄始達于野乃有玉泉出于山下歕薄轉激散爲谿池池上有亭宣宗駐蹕處也又一里爲華嚴寺有洞三其南爲呂公洞一竅深黑投以石有水聲莫有窮之者

懷麓堂集

由香山至望湖亭一水夾溝而出荇草交漬凡二里許水漸狹隱隱不知所之游者遂以西湖止此望通衢取道入城不知轉入林中灌木忽開廻堤十里鴐鵝鸂鶒低飛遠立遠水長流不減杭之段家橋也　燕都游覽志

水從高梁橋而西傍有極樂眞覺諸寺臨之前廣源閘節之上麥莊橋越之過橋爲湖界以長堤湖在隄南稻

田豆場在隄北曰西堤者城西隄也隄行八九里龍王廟廟之旁黑龍潭又行一里堤盡右有村上青龍橋即玉泉山下也　帝京景物畧

永樂二年八月北京行部言宛平昌平二縣西湖景東牛闌莊及青龍華家甕山三閘水衝决隄岸百六十丈命發軍民修治五年五月北京行部言自昌平縣東南白浮村至西湖景東流水河口一百里宜增置十二閘請以民丁二十萬官給費用修置命以運糧軍士浚之九月修西湖景堤三百七十九丈二十二年十二月罷海子至西湖巡視官謂尚書蹇義曰古者山澤之利與民共之朕之心凡可利民雖府庫不吝況山澤所産哉

成祖實錄

王直西湖詩玉泉東滙浸平沙八月芙蓉尚有花曲島下通蛟女室晴波深映梵王家常時鳧鴈閒清唄舊日魚龍識翠華堤下連雲秔稻熟江南風物未宜誇 王文端公集

馬汝驥行經西湖詩宮皁晝舸瞰湖中鼉鼓鸞簫震碧空何似漢家汾水上棹歌搖落嘆秋風珠林翠閣倚長湖倒映西山入畫圖若得輕舟泛明月風流還似剡溪無 西元集

文徵明西湖詩春湖落日水拖藍天影樓臺上下涵十里青山行畫裏雙飛白鳥似江南思家忽動扁舟興顧影深懷短綬慚不盡平生淹戀意綠陰深處更停驂 甫田集

朱正初湖上作長堤曲曲石磷磷柳色參差接望春烟鎖禁中疑作雨風過湖上不生塵翠分懸瀑穿雲白綠盡平蕪入漲新臨處青旗能醉客客身千載此沉淪 長安客話

鄒緝遊燕京西湖詩垂鞭遵廣陌攜酒眺長汀葭菼參差綠巖巒遠近青鳥飛天欲瞑龍臥水猶腥賴有張平子裁詩表地靈 鄒中憲集

何鄉西湖作西湖隄上立風景恣遊心十里澄虛色羣峯落翠陰菰蒲隨遠近魚鳥自高深一望天河接星槎擬共尋 白湖集

朱國祚西山湖上詩芍藥闌邊花氣收鸕鷀谷口斷雲浮倦遊愛說江鄉事先試西湖一葉舟 介石齋集

元天曆二年五月以儲慶司所貯金三十錠銀百錠建大承天護聖寺九月市故宋太后全氏田爲大承天護聖寺永業十月立大承天護聖寺營繕提點所 元史文宗紀

上答失里皇后以銀五萬兩助建大承天護聖寺 元史后妃傳

至順元年四月以所籍張珪諸子田四百頃賜大承天護聖寺爲永業二年二月命田賦總管府稅鑛銀輸大承天護聖寺三月以籍入速速班丹徹理帖木兒資產賜大承天護聖寺爲永業四月發衛卒三千助大承天護聖寺工役九月命留守司發軍士築駐蹕臺于大承天護聖寺東是月幸大承天護聖寺 元史文宗紀

元統元年十月奉文宗皇帝及太皇太后御容于大承天護聖寺至正十三年三月詔修大承天護聖寺賜鈔二萬錠 元史順帝紀

虞集大承天護聖寺碑天曆二年歲在己巳春月皇帝若曰予承宗廟之重君臨天下夙夜兢懼思所以上繼祖宗下安民庶者不敢少置也矧予昔在幼冲太皇太后躬保持而導迪之欲報之德亦不敢少忘也稽諸佛氏之書孝莫重于報親慈莫廣於及物而吾佛之所以陰相我國家者豈可量哉汝太禧宗禋使月魯不花中書平章明理董阿大都留守張金界奴其爲朕度地以作梵刹稱朕心焉四月上幸近郊觀于玉泉之陽謂侍臣曰會岡複巘隱隆西北太湖

之浸汪洋渟涵峙而東高甕山在焉旁薄扶輿固厥
閟之地也使太史眡之曰吉秋八月壝立隆祥總管
府以領之鑄銀爲印秩正三品以臣月魯不花領府
事將作臣阿麻瑓爲達魯花赤國語達魯花赤官屬
之長也臣金界奴爲總管上曰建寺而不先正其名
民將因其地而稱之其署題曰大承天護聖寺又曰
寺所以嚴奉祀事而壓瓺雜居則幾乎瀆矣買旁近
地得十頃有奇皆厚直以予之分賜從臣俾爲休沐
之邸侍祠而至則處焉且命其總管府臣相大田以
買之度其歲入以爲僧食明年上受尊號改元至順
十月上命太師臣燕帖木兒率百官詣寺所告諸后
土之神始命大匠治木因命中書左丞臣撒迪爲隆

祥總管府達魯花赤燕以省臣重其事也二年四月
十六日始作土功治佛殿基得古金銅之器于地中
多事佛之儀物實有窾款者云寺之前殿寘釋迦然
燈彌勒文殊金剛手二大士之像後殿寘五智如來
之像西殿庋金書大藏經皇后之所施也東殿庋墨
書大藏經歲庚午上所施也又像護法神王于西室
護世天王于東室二閣在水中坻東曰圓通有觀音
大士像西曰壽仁上所御也曰神御殿奉太皇太后
晬容於中日有獻月有薦時有享器用金寶曰壽禧
殿上齋宮也諸宿衛之舍畢具九月上諭臣金界奴
曰朕之建寺非徼福以私朕躬也昔者國家有佛寺
之建金帛穀粟一出于國之經費受役凡徒則民與

兵官府供億並緣爲姦非朕意也今茲役也工傭其直物償其價勿使有司因得以重困吾民臣金界奴頓首受詔而退鳩工以集事材木甓瓦丹漆設色必精必良其土宜交易得所稱事出備藝各奏能施無遺巧人樂效力若子趨父屬樞密儲政兩院臣請以所領軍就役而給錢如民則軍士亦被惠矣從之凡役軍四千三百人留守臣言寺有行宮天子之所齋也嚴重不敢褻請以所領匠將作而給錢如兩院之兵亦從之十月十五日上覽而悅之陞隆祥總管府爲隆祥使司秩從二品命太禧宗禋使臣晃火兒不花臣撒迪臣阿麻瑈大司農臣金界奴爲之使佐官與汝俱升又作東別殿神木別殿丈室講堂衆沙門之居會就之所碑亭井亭庖湢庫廄門垣橋梁咸稱觀美凡規制皆圖以獻而上親臨定焉皇后出大慶禮賜白金從戶部易鈔四萬錠及割田賦之在荆襄者以資之三年寺大成于是召五臺山萬聖寺釋師惠印特賜榮祿大夫司徒主教于寺有勅命臣祀常臣集臣法洪臣惠印製文以刻諸碑 道園學古錄

宋褧至順二年五月從駕觀承天護聖寺詩陪鸞西郊外遐觀倦未還荷深七里泊雲起五華山境勝嗟來暮官微媿不閑憑聽歌夏諺直擬重躋攀 燕石集

傳若金遊城西承天護聖寺作梵宮何巍巍白日耀流藻前楹交綱樹陰岡被靈草宿昔構華麗河沙施七寶丹霞通飛閣淸飈激馳道車馬縱橫至虛谷漫

浩浩飛龍逝不返令人傷懷抱又游子愛艮辰出門各有攜陽春發惠氣好鳥鳴喈喈芳花明曲渚新楊拂大堤羣物紛相說斯人多所懷飄彼陌上塵化爲水底泥百年亮如此不樂復奚爲 傳與礪詩集

許有壬護聖寺汎舟浣溪沙詞花露濃披桂棹香櫛風輕拂葛衣涼放歌深入水雲鄉荷葉杯中傾綠醑瓜皮船上載紅粧都堂何似住谿堂 圭塘小藁

至正初承天護聖寺火有旨更作李稷上言水旱相仍公私俱乏不宜妄興大役議遂寢 元史本傳

功德寺舊名護聖前有古臺三相傳元主游樂更衣處或曰此看花釣魚臺也寺極壯麗中立二穹碑其一宣宗章皇帝御製建寺文其一元舊物沓字莫能讀也毘

盧閣崇可數尋凭闌而眺一寺之勝皆在目前蓋寺倚山而挪寺西景皇帝陵及尉悼王墓在焉 南濠集

功德寺甚弘敞後殿尤精麗殿柱及藏經筒皆錐金錐金者布純金爲地鬆絲其上以錐畫之爲人物花鳥狀若繪畫然又有刻絲觀音一軸懸于梁際此宋元物寺僧云禁中所賜也 懷麓堂集

功德寺宣皇臨幸之地西山東麓盡處也 柯虛集

西湖將盡爲功德寺外有三廢臺問之爲元時遺址兩廊畫壁俱閎麗 文義集

功德寺修于宣德二年正殿及方丈凡七進基皆九撰擬掖庭制度費數十萬緡宣德十年宣廟西郊省斂駐蹕于寺因留鑾仗寺中自後遂爲列聖駐蹕之所嘉靖

中世廟謁景皇帝陵有司以金山口路臨鑱澗數十尺識者謂此功德寺白虎口也虎口張將不利于寺既而上駐蹕寺中膳罷周行廊廡見金剛像獰惡心忽悸而怒因以宫殿僭踰坐僧罪撤去之寺遂廢 長安客話

功德寺廢今存者門耳門外二三古木各三四十圍根半出土外傍多水田僧無寺業農事破屋數間供一木球施以丹堊寺初興時板菴禪師能役是球球大如斗不脛而走逢人躍擊地如首稽叩入侯門戚里募金入目爲木毬使者所募金錢以建巨刹成化中僧戒静建一閣重簷曲房爲累朝駐蹕地 帝京景物畧

功德寺有木毬使者其事近于怪按宋張世南游宦紀聞載雪峯寺僧義存於唐懿宗咸通十一年開山創寺

乾符二年賜號眞覺禪師寺有木毬相傳受眞覺役使呼僕延客毬皆自往來嘉泰間寺災毬忽滚入池幷得不壞然則以木毬爲使浮屠固有其術葢有先板菴而役之者矣 漾木亭雜識

程敏政自玉泉至功德寺詩東風幾日到郊坰岸草汀蒲已自青羈客乍來無暇日野人相見亦忘形湖當鷲嶺烟光重路入龍潭水氣腥聞説先皇曾駐蹕紅雲猶繞玉泉亭 篁墩文集

王守仁夜宿功德寺詩水邊楊柳覆茅楹飲馬春流上一亭坐久遂忘歸路夕溪雲正壓暮山青 王文成公集

李夢陽功德寺集唐詩憶昔霓旌下南苑江亭晚色

靜年芳重門深鎖無人到僧在翠微開竹房 空同集

何景明功德寺詩寶地烟霞上珠林霄漢間宣皇留殿宇今日共追攀御榻臨丹壑行宮鎖碧山帝城看不遠時見五雲還 大復山人集

薛蕙功德寺詩憶昨宣皇帝端居大有年莊嚴修佛土功德施人天龍象山開闢金銀地接連傷心萬歲後陵谷尚依然 西原集

李濂功德寺詩宣廟行宮敞碧蘿霓旌幾駐玉泉阿三楊扈從宸恩重十載昇平樂事多勑寺松雲封殿閣釣臺霜水落黿鼉白頭野老空山夕間說曾看鳳輦過 嵩渚集

莫如忠功德廢寺詩功德何年寺開山紀釋曇諸天

迷宿莽雙樹網晴嵐逕掩花空落壇墟鳥不參寥寥禪誦侶穴土自爲龕 崇蘭館集

歐大任功德寺詩宣皇游豫日此地六龍回恐草生馳道慈雲護講臺蘆汀仙鷺浴黍雪御桃開寂寂留春卉僧猶望幸來 歐虞部集

黃鳳翔功德寺詩繚繞招提路平湖映翠嵐烟波生道左秋色似江南鐘磬天香近蒹葭雨氣含心隨漁艇去望望欲停驂 黃宗伯集

功德寺側皆古松有菴曰松林游人多於此憩焉出松林菴稍西轉至金山口望見景皇帝陵及諸王公主墓 燕都游覽志

甕山在都城西三十里清 玉泉之東西湖當其前金

山拱其後山下有寺曰圓靜寺後石壁百尺步磴而上晶菴在焉青谿漫稿

西湖堤東稻畦千頃接甕山之麓有寺曰圓靜因巖而構甃爲石磴游者拾級而上山頂有屋曰雪洞俯視湖曲平田遠村綿亘無際白巖集

甕山圓靜寺左俯綠疇右臨碧浸近山之勝於是乎始長安可游記

甕山相傳有老父鑿得石甕上有華蟲雕刻文中有物數十種悉爲老父攜去置甕于山之西留讖曰石甕徙貧帝里人不之信也嘉靖初甕不知所存嗣是物力漸耗薊丘集

甕山在海淀西五里土色純盧其南巖若洞而圯者一樵人曰此少帚仙室也人家傍山小具池亭桔槔鋤犁咸置垣下酷似江南風景距南麓數百武爲耶律楚材墓西湖正當其前袁廷玉詩玉泉東畔甕山陽水抱孤村地脈長蓋詠此也今墓前石像猶存長安客話

甕山去阜成門二十餘里土赤墳童童無草木度山前小橋而南人家傍山臨湖水田棋布山後一畝泉今失去山上一寺破瓦壞垣額曰圓靜弘治七年助聖夫人羅氏所建也山下數十武元耶律楚材墓墓前祠廢石像尚存表碣羊虎零落一翁仲立未仆天啟七年夏夜有螢千百集翁仲首土人望見夜譁曰石人眼光也質明共踣而碎之帝京景物畧

耶律丞相墓在甕山下前有石像鬚分三綹其長過膝

匏翁家藏集

耶律楚材大有造于中國功德塞天地元世祖眷之亦異他將相其壽域想必屬當時恩賜者近日一友人治別業於京城外西山忽發一塚開櫬得大頭顱加常人幾倍不知爲何人葬地予聞之諫止之曰此無論何代殆必異人盍早納其壙閉之未幾掘得碣石則楚材墓也雖稍爲葺治聞壙中他物散去多矣耶律生前舉動已是慈氏後身又安問遺骸之完缺但功濟一世而七尺之不保報應之說似不足信友人本吳籍髫年登北畿賢書慧而有心計頓成富家後甫强仕即世竟無後

野獲編

楊文秀金季以善墨聞其法不用松炬而用鐙煤子彬得其遺法以授耶律楚材楚材授子鑄使造一萬丸銘曰玉泉萬笏 墨史

王嘉謨甕山詩瀰瀰湖水外叠嶺削青冥十丈涵霜鏡三春洗翠屏山寒果半落石古草長青日夕迷歸路樵聲自可聽 薊丘集

謝榛夜自西湖循甕山同玉峯上人步歸蘭若詩湖色冷春衣沙禽夜尚飛路隨山下轉僧伴月中歸秖樹藏金界禪燈出翠微他年謝靈運結社願無違 四溟山人集

吳希賢過甕山倪舜咨攜酒至漫賦曉出西郭門穿雲過林麓小徑入湖陰石磴莓苔綠主人攜酒至杯行賦詩續歸騄不可留夕陽在林木 國朝遺詩

山居當甕麓轉岐路非遙松膏堪繼夜菰米足供朝
畦蔬摘露韭林果來新樵慷慨珍來意宛戀停予鑣
野風吹秋水征馬鳴蕭蕭願留竟莫克投贈媿瓊瑤
白湖集

青龍橋側數武有寺依山傍巖山腰有閣前臨一鏡堤
柳溪流雜以畦畛叢翠之中隱見村落 坷雪齋集

玉泉山以泉名泉出石罅瀦而爲池廣三丈許水清而
碧細石流沙綠藻紫荇一一可辨池東跨小石橋水經
橋下東流入西湖山頂有金行宮芙蓉殿故址相傳章
宗嘗避暑於此 長安客話

穿青龍橋而西得玉泉山山培塿耳而土紋隱起作蒼
龍鱗其下爲池瀦泉而亭之曰望湖亭其東爲華嚴寺
寺西泉清可辨蘿髮 緱山集

玉泉山沙痕石隙隨地皆泉山陽有巨穴泉歘而上淙
淙有聲或名之噴雪泉 燕都游覽志

玉泉山泉出如沸滀爲池清可鑑毛髮此西湖之源也
白岩集

玉泉山金章宗嘗建行宮今廢山之北麓鑿石爲螭頭
泉從螭口出瀦而爲池 南濠集

玉泉山麓有寺所謂玉泉寺也山有呂公洞稍東爲龍
王祠渟泓方廣數丈湧泉如珠名裂帛湖然玉泉山傍
每遇石縫即迸流濺雪不特裂帛湖也 游業

玉泉山根碎石泉涌去山不數武裂帛湖也泉迸湖底
狀如裂帛渙然合于湖湖方數丈水澄以鮮漾沙金色

過溪曰望湖亭宣廟駐蹕今圯其南上下華嚴寺嘉靖庚戌寺燬焉存者二洞華嚴七真洞壁刻元耶律氏詞紆而西觀音菴洞曰呂公洞昔呂仙憩此去而洞名也又北金山寺寺破但未廢爾寺有洞曰七寶徑寺登乎山山舊有芙蓉殿金章宗行宮也昭化寺元世祖建也 帝京景物畧

玉泉在京城西三十里西山之麓有石洞泉自中而出洞門刻玉泉二字泉味甘冽上有石巖名呂公洞其上有芙蓉閣金章宗避暑處其在山之陽者泉自下湧鳴若雜佩泓澄百頃合流而入都城透迤曲折宛若流虹 戴司成集

玉泉山麓臨水有亭裂帛泉從石根出溢爲渠石子鱗鱗了了可見依山瞰泉原爲昭化寺今久廢 珂雪齋集

宛平有玉泉山行宮 金史地理志

明昌元年八月幸玉泉山六年四月幸玉泉山承安元年八月幸玉泉山泰和元年五月幸玉泉山三年三月幸玉泉山七年五月幸玉泉山 金史章宗紀

至元三年八月郭守敬請開玉泉水以通漕運從之十五年十二月禁玉泉山樵采漁弋 元史世祖紀

至治元年十二月疏玉泉河 元史英宗紀

泰定元年八月罷浚玉泉山河役 元史泰定帝紀

世祖召見郭守敬面陳水利六事其一中都舊漕河東至通州引玉泉水以通舟歲可省雇車錢六萬緡 元史本傳

文宗幸護國仁王寺遂汎舟玉泉蓋苗進曰今頻年不登邊陲未靖正當恐懼修省何暇逸游以臨不測之淵乎帝嘉納之賜以對衣上尊卽日還宮 元史本傳

吳師道遊西山詩序三月十七日金華吳師道正傳晉寧張翥仲舉襄城趙璉伯器臨川吳當伯尚河東王雍元肅同遊西山玉泉護聖寺遂至香山旣歸各賦詩以紀實先是護聖主僧月潭師款客甚勤留之不果則約以再遊又約以詩爲寄未及寄則又屢督趣之於是裒寫爲卷納之山中四人者推其爲最長故其詩居首而又復敘其畧焉吁吾曹東南西北之人幸而會于京師佳時勝集徜徉名山水間旣愜于心師超然方外而獨惓惓焉其高致尤可愛而仰也秋風揚鈴客興未已又將往踐前約然桑下三宿之戀或法所不可師其有以語我乎 吳禮部集

三月十八日張仲舉趙伯器吳伯尚王元肅同遊西山玉泉遂至香山詩肅清門外春草青背城曼衍趨郊坰西山曉晴出蒼翠高下不斷如連屏道傍巨冢烏鳥噪寒食野祭遺羶腥溝深路狹雪泥在緩控瘦馬仍竛竮行行山近寺始見半空碧瓦浮晶熒先朝營構天下冠千門萬戶侔宮庭寺前對峙兩飛閣金鋪射日開朱欞截流累石作平地修梁雄跨相緯經平臺當前白玉座刻鏤精巧多殊形常時御舟此遊幸清簫妙管魚龍聽沿堤萬柳着新綠未見蒲葦彌烟汀鳧飛鷺起渺空濶使我淸思凌滄溟遊船兩兩

棹歌起亦有公子攜娉婷主僧說法據高座撞鐘擊鼓聲霹靂欣然肅客導周歷顧瞻幻怪何神靈後園小殿翳花木繡幃香閣猶深扃坐陪方丈談亹亹伊蒲清供分餘馨出門暄風掠人面前後復歷峴與陘泉乾土勁草樹少祇有廟塔高亭亭香山蘭若金源舊猶餘大定殘碑銘長松老檜見未有澗水遶屋鳴清泠攀危陟峻劇喘汗却下迅走誰能停班荆列坐杏花底持觴受此香雪零日規漸隱半峯側酒行不盡雙玉瓶衆賓未醉有餘興惟我却飲嗟獨醒疾驅信馬路已熟遙見樓堞塵冥冥歸來門巷未深黑春雲黯黯明踈星廣文官況淡於水剡復聚散如浮萍玉泉頗恨不少住客意更擬同揚舲明朝清遊墮夢

境擁書却坐槐陰廳 同上

陳孚玉泉垂虹詩雪波碧擁千崖高落花點點浮寒瑤日斜忽有五采氣飛上太空橫作橋古寺殘鐘塔鈴語回首前村猶急雨輕綃欲剪一幅秋又逐西風過南浦 觀光集

胡廣玉泉山作玉泉之山下出泉泉流樹色鏡中懸却帶西湖連內苑直下通津先百川微風時動碧波蹙明月夜映清光圓此中曾炤古人影故碣記得金元年 胡文穆公集

鄒緝和韻嶂霧巖雲湧玉泉長流未似瀑流懸聲驚素練鳴秋壑光訝晴虹飲碧川飛沫排林空翠濕跳波濺石碎珠圓傳聞絕頂芙蓉殿猶記明昌避暑年

素齋集

李東陽玉泉道中作日照山山紫翠生雨餘秋色更分明蜃樓出霧東浮海雉堞連雲北繞城舊識郵亭猶問路漸多僧寺不知名十年幾度登臨約未盡平生吏隱情懷麓堂集

劉大夏玉泉道中作曉來聯騎踏晴沙風景蒼蒼一望遐幾處白雲前代寺數村流水野人家鶯啼別墅春猶在馬到西山日未斜回首不知歸路遠九重宫殿隔烟霞東山集

吳寬飲玉泉作龍脣噴薄淨無腥純浸西南萬疊青地底洞名疑小有江南泉品類中泠御厨絡繹馱銀甕僧寺分明枕玉屏曾是宣皇臨幸處遊人誰復上高亭匏翁家藏集

何景明玉泉詩行遊金口寺坐愛玉泉名雲去隨龍女風來動石鯨入宫朝太液穿苑象昆明却望天河水迢迢萬古情大復山人集

李濂玉泉山詩章宗避暑玉泉山宫女隨鑾到此間昔日翠華歌舞地於今猶見五雲還嵩渚集

廖道南玉泉亭作偶來池上酌暫謝區中緣水潤雙飛鳥林疎獨抱蟬披雲穿紫竹聽雨落紅蓮終日石梁坐相看意惘然元素集

朱曰藩玉泉寺小山詩笑指蓬萊石春桃幾樹花仙潭馴白鹿童子戲金沙一榻居士室三車長者家憑君磨素壁重過賦青霞山帶閣集

何悚玉泉詩鬼斧何年鑿仙源此日看濺珠翻石溜
拂鏡漾晴瀾鸚鵡春塘淨雲霞夕影寒分流入內苑
故作九龍盤 太華集

高應冕游玉泉寺詩西山玉泉寺蒼翠橫寥廓寒流
廻清池落木何蕭索青峯映蓮宇白雲度松閣攜壺
歷尋微披襟愜幽壑感此高秋景寧忘朋聚樂長吟
石上風緬懷雲中鶴何當一來遊遂我芙蓉約 高光州集

歐大任同黎祕書游西山經玉泉山池亭望西湖詩
並馬今朝路西行訪石經山泉浮鉢綠湖草映袍青
積玉迷春樹飛花入暮亭十年江上客烟雨憶揚舲
歐虞部集

黎民表游西山玉泉池詩圓渟知異脈方折紀靈蹤
濯月金規滿含風石鏡融下湖隱作浪曲澗瀉爲淙
一入昆明去千秋赩綺櫳 瑤石集

胡應麟游玉泉詩殿隱芙蓉外亭開薜荔中山光寒
帶雨湖色淨連宮作賦攜詞客行歌伴釣翁夕陽沙
浦晚鳧雁起秋風 少室山房集

崇眞觀在玉泉山下觀外小澗環流橋壞循岸西淺
處以渡其前累石爲臺臺下甃方池池上有斗室曰靈
淵齋 錢文肅公集

循玉泉而西二里爲觀音寺寺依山入門有洞深廣二
尋出洞拾級而上亭曰望湖山後有小洞可坐二人洞
北有大洞方濶兩傍石欄可坐傍刻字曰玉泉觀音洞

剔蘚辨之下三字乃後人續刻者相傳金章宗避暑於此上有芙蓉殿漫不可尋但荒榛碧瓦而已出洞尋舊路而西有廢菴又一洞亦曰觀音洞山麓有呂公洞 前溪集

補陀寺在玉泉山半門內即呂公洞寺右躋石級上望湖亭 南濠集

玉泉山有呂公巖下臨一潭廣丈餘山上有看花臺卷幔樓 燕都游覽志

呂洞賓名嵒唐呂渭之後五代間從鍾離權得道與權更出沒人間權不甚多而洞賓蹤跡數見好道者每以爲口實 蒙齋筆談

程敏政呂公洞詩石洞知何代門當玉澗灣潮音疑可聽仙駕杳難攀暗穴深通海危亭上據山吟身貪縱步遙帶夕陽還 篁墩集

李濂游呂公洞詩窈窕呂公洞逶迤玉泉側澗流緬松門石梁亘雲壁始入日匿影徐轉天漏白靈竅度縈廻細徑緣欹仄杖邊霏漸分衣上靄微積紫芝敷異芬瑤草弄明色窮猿倒窺人仙鼠飛避客遙遙薜蘿陰娟娟蒼翠夕金膏欣可餐石髓恨難識意愜諸妄遣神超萬緣釋伊予事沉冥夙負山水癖曩聞呂仙名茲覽修真跡丹爐滅灰燼石牀有苔蝕一遊洞庭波千載杳消息珪組知爾忘煙霞忝所適私哂名利心躑躅竟何益 嵩渚集

華巖寺左有洞曰翠華中有石牀可憩息題詠頗多皆

瀆不可讀又有石洞在山腰若鼠穴寺北石壁泉出其下作裂帛聲故名裂帛泉有亭可望西湖故名望湖亭瀟碧堂集

華嚴寺有小洞三俱幽邃屋後石壁下一池其形如壺土人呼爲捏鉢湖長安可游記

上華嚴寺下華嚴寺俱正統間建其額英廟勅賜寺有二洞一在山腰一在殿後曰七眞洞或云卽翠華洞洞中石壁鐫元耶律丞相一詞夏相國言和之亦刻于壁長安客話

華嚴寺鑿山爲洞下上凡五處深者二三十步淺者十餘尺文義集

耶律楚材鷓鴣天詞花界傾頹事已遷浩歌遙望意茫然江山王氣空千劫桃李春風又一年橫翠嶂架寒烟野花平碧怨啼鵑不知何限人間夢併觸沉思到酒邊湛然居士集

夏言和詞人世滄桑有變遷靈巖玉洞自巋然朝衣幾共遊山日佛界仍存刻石年嗟歲月惜風煙等閒花發又啼鵑只將彩筆題僧壁玉帶長留向日邊桂洲集

倪岳遊玉泉華巖寺詩門外寒流浸碧虛玉泉山上老僧居芙蓉雲鎖前朝殿耶律詩存古洞書曲澗正當虹飲處好山相對雨晴初笑攀石磴臨高頂浩蕩天風襲翠裾青谿集

李夢陽翠華巖詩洞劉耶律詞其名翠華巖俯睨谿

觀閣仰面攢松杉厥維何王代鬼斧開嶄嵒精氣久削薄烟嵐鬱相攙屢憩驗足薾獨往悲情凡入蘚畏石墜轉嶠驚日銜飄颻萬里風吹我秋衣衫放迹慕康樂入道懷賀監載思武陵避愈悵桃花碧去住亦由人極目江上帆 空同集

杭淮西山呂公洞詩我尋呂公洞水邊春駐鞍側身入地底傴側頗礙冠導燈如星明墮石訝劍攢魚貫緣曲折忽俯千丈湍却步前未敢下有龍結蟠腥風起昏黑颯爽肌粟寒五年客京華茲辰亦奇觀 雙溪集

皇甫濂玉泉山寺七眞洞詩高閣重巖合層臺雙樹幽風殘芝洞日雲落磵泉秋貝葉看深誦金沙歷晚遊七眞懷秘躅彷彿在山丘 皇甫水部集

何棟華巖寺詩尋山入淨苑撫石眺芳洲巖樹雲邊盡春泉雨外流花深時見鹿荷密欲藏鷗夙昔懷丘壑將因叢桂留 太華集

華巖寺後有竇深不可測其上爲望湖亭見西湖明如半月 珂雪齋集

望湖亭不作于龍潭而作於裂帛湖上眞無識也 袁中郎集

自華巖寺西度三石橋門臨水曰金山寺寺西北皆山也 大復山房集

金山寺磵道欹窄僅可徒步既至寺抵一笑菴觀龍洞洞方廣不及尋丈旁有石穴深窅莫測 錢文肅公集

金山寺西麓盡處也 游業

華嚴右半里爲金山寺山有玉龍洞洞出泉勢不爲暗渠引水伏流約五里入西湖名曰龍泉望湖亭建其上 長安客話

李夢陽望湖亭集句與客提壺上翠微千家山郭靜朝暉平沙渺渺來人遠黃鳥時兼白鳥飛又曉行不厭湖上山別有天地非人間安得移家此中老白雲長在水潺潺 空同集

何景明望湖亭詩獨上湖亭望霜空萬里明檻疑天上立槎是斗邊行雲霧迷山殿芙蓉暗水城先朝四百寺秋日遍題名 大復山人集

張治望湖亭詩望湖亭下水如天曾記宣皇賜幸年

王輦不來鳧雁冷一湖楊柳鎖春烟 張文肅公集

文徵明望湖亭詩寺前楊柳綠陰濃檻外晴湖白映空客子長途嘶倦馬夕陽高閣送飛鴻郎看柳色浮天際已覺扁舟落掌中三月燕南花滿地春光都在五雲東 甫田集

王穉登望湖亭詩亭邊楊柳水邊花落日行人正憶家不及江南湖上寺木蘭舟裏載琵琶 燕市集

王樵望湖亭詩平疇門外春雨遠寺山邊夕陽柳護溪橋輦路水肥穜稑江鄉 方麓居士集

裂帛泉從玉泉山根出溢而爲渠依山瞰泉爲昭化寺基今寺已廢其隣爲史園正泉所出也 珂雪齋稿

裂帛湖泉仰射如珠串古榆蔭潭上極幽秀過趙家隄

水更深碧長安可游記

朱國祚裂帛湖上作水淨一匹練山圍六扇屏春風纔幾日藥甲已先青介石齋集

日下舊聞卷二十二終

日下舊聞卷二十二終

纔發日藥甲乙先書介石齋集

宋國所製皋湖上作木筆一匹綠山圖十八扇屏春風

水更深碧王安石游記

郊坰四

宣德年鑄薰鑪海內所珍今多贋物眞者百之一耳市者一鑪索數十金卒難得其佳者慈壽寺西有元福宮文昌祠前銅鑄一驢傳是宣德年所造游人以手摩挲銅質呈露其色甚瑩驗驢之質亦可辨薰鑪之眞贋矣 改過齋雜記

燕中不乏名勝大抵皆貴璫墳院位置一律殊不雅觀惟武清侯海淀别業引西山之泉匯爲巨浸繚垣約十里水居其半疊石爲山巖洞幽窅渠可運舟跨以雙橋堤傍俱植花果牡丹以千計芍藥以萬計京國第一名園也 澤農吟藁

左思魏都賦有掘鯉之淀或云即狐狸淀廣韻淀泊屬韻會淺泉也今京師有南淀北淀近畿則有方淀三角淀大淀小淀清淀洄淀勞淀濩淀疇淀延芳淀小蘭淀大蘭淀得勝淀高橋淀金盞兒淀蔕淀大蓮花淀小蓮花淀浮鷄淀白羊淀黑羊淀黃龍淀鵞巢淀牛横淀火燒淀下光淀大光淀糧料淀破船淀水紋淀百水淀五官淀康池淀廣平淀陳人淀武盎淀洛陽淀齊女淀邊吳淀燕丹淀趙襄子淀孟宗淀其他不能悉記凡九十九淀按說文無淀字傳寫者或作洵或作澱或作墊皆非 風庭埽葉録

西湖土人稱之必曰西湖景 朔紀

西湖北岸長堤五六里堤柳多合抱龍王廟據其中外

視波光十里空灝際天諸峯在眉睫間絶無丹青脂粉氣 山行雜紀

北京功德寺後宫像設工而麗僧云正統時張太后嘗幸此三宿乃返英宗尚幼從之遊宫殿別寢皆具太監王振以爲后妃遊幸佛寺非盛典也乃密造此佛旣成請英宗進言于太后曰母后大德子無以報已命裝佛一堂請致功德寺後宫以酧厚恩太后大喜許之後命中書舍人寫金字經置東西房自是太后以佛及經在不可就寢遂不復出幸 瑯琊漫鈔

袁袠功德寺詩宣皇臨御日此地數遊觀花下停雙輦松間拜百官雲長依寶座月自照瑶壇寂寞橋陵路惟餘古木看 袁永之集

繞功德寺後過金山口見一高峯峯頂有紺殿角急趨之行數里荒寂絶無僧舍路多礫石而所見紺殿已不可即矣僅見一谷口頗幽邃騎不能上乃下馬步上坡三里許稍南度大壑又三里許朱門焕然上書寶藏精藍入門又二里許披宿莽陳根而行上石磴爲天王殿再百步上石磴爲寶藏殿殿右石棧凡五轉每轉可二丈餘棧盡爲臺臺有觀音殿二十里外所見紺殿角即此也寺係正統四年爲西域僧道深建初名蒼雪庵後勑賜今額 山行雜紀

山中諸泉圓通寺門水第一寶藏次之 同上

甕山下東南數十步舊有耶律丞相祠崇禎中尚存今及夫人二石像端坐陌頭少前二翁仲其一首毁相傳

居人夜見有光疑其柩而鑿也後一高阜則公墓迨今三十年斷隴已平問之土人鮮有知公墓者墓西半里圓靜寺僧猶能言其處 青箱堂集

甕山前有仁慈庵入門三百步兩傍椿樹夾之登石磴二十級有堂三楹兩廡翼之西廡前爲樓菴左爲圓靜寺寺門度石橋大道通湖堤門內半里許從左小徑登臺精藍十餘室之西殿三楹左右精舍一間據山面湖 山行雜紀

慈恩寺在青龍橋側萬曆中勅建 順天府志

趙志皐勅賜護國慈恩寺碑記畧慈恩寺在西直門外二十五里青龍橋聖母出內帑遣慈寧宮近侍御馬監太監陳儒督造經始于萬曆癸巳五月落成于

甲午九月寺外爲山門前爲天王殿傍翼以鐘鼓樓中爲大通智勝寶殿左右列伽藍祖師二小殿大殿後爲藏經閣經凡六百七十八函有大士像繚以周垣僧寮方丈廊廡庖湢畢具一歲而工告成 六虛堂稾

青龍橋南里許爲西方菴東望據湖梵宇雖不雄偉而極精嚴稍南爲三元寺甚隘而頗饒水木之勝度三元寺即功德寺矣 山行雜紀

玉泉頗類趵突但趵突湧泉有三玉泉止一穴趵突高三尺餘玉泉止尺許斯不及爾 寄園寄所寄錄

黃清老玉泉山懷友作遠水平林翠繞城秋來風雨動離情玉泉千尺梧桐樹月下蕭蕭落葉聲 樵川集

吳子高次韻馬仲庸遊玉泉山作飛絮晴絲絡馬頭春風長記侍宸遊平橋映日開龍艦天樂連雲上翠樓楊柳盡隨堤北偃芙蕖不礙水東流道傍玉輦時巡處千里風烟紫塞秋 文翰類選

玉泉山右名瓦窰頭西向有隆佑菴僅數廡有垂柳內等名花蓬蓬可觀 山行雜記

金山口度嶺至冷泉村道傍皆水田行二里許曰泰州務其後畫眉山上有龍王祠龍湫圍廣十畝水從右罅出從東垣下溢田間潺潺有聲 同上

元時杏花齊化門外最繁東岳廟石臺羣公賦詩張讌傳爲盛事葛邏祿易之詩云上東門外杏花開千樹紅雲遶石臺最憶奎章虞閣老白頭騎馬看花來至明城

東花事衰郊西滿盛爲時後摩訶菴杏花多至千株吾鄉朱太傅養醇詩云摩訶菴外袖吟鞭繁杏春開十里田曾與村翁攜相識看花不費酒家錢永平之日翰苑風流後先一致也 屺齋詩話

清華園前後重湖一望漾渺在都下爲名園第一若以水論江淮以北亦當第一也 明水軒日記

出阜城門西行三里許有報恩寺又西三里靈佑觀又西爲廣福寺又西爲嘉祥觀又西爲元應觀入八里莊望爲摩訶菴又西爲永慶寺又西爲慈壽寺又西爲元福宮嘉祥觀多松入門二株尤秀潤摩訶菴前殿有碑二碑文左爲鉛山費尚書宷撰右爲華亭孫尚書承恩撰俱嘉靖二十七年立殿後右廡有竹一叢院中雜蒔

卓花堂懸萬物育墨跡三字上用恭穆獻皇帝睿筆璽下有嘉靖年製小印堂後松二株高出殿脊其後則小宦趙政墓也元福宮建于正德五年至天啟五年重修中有蒼松四株最奇古後殿三清六真像皆范銅爲之配殿文昌與夾侍童子亦銅像旁鑄一騾銅質光潤絕似宣德鎏金薰鑪色殿前後凡四碑一仆二爲人磨去止存中書舍人袁志學一碑崇禎元年所立也 人海記

費宷摩訶菴碑記畧摩訶菴者乾清宮管事司設監太監趙政所剏也在宛平縣香山鄉八里莊正殿一左右配殿廊廡方丈旁舍凡九十經始於嘉靖二十五年正月竣事于明年閏九月菴之地爲畝三十圍圍之地爲畝二頃五十餘 費文通公集

袁志學重修元福宮碑記畧國家庖㸑柴薪產自馬鞍山八里莊爲中道而無停宿之所太監王文政用價五千兩贖得武清侯地三十頃東至摩訶菴南至釣魚臺西至兩家店北至張花村而元福宮在其內於是建立筏柴停宿公廨元福宮重加修葺焉 袁舍人集

由三虎橋西行里許爲天禧昌運宮初名混元靈應宮正德六年司禮監太監張永請于朝敕建至萬曆四十四年重修增置垣墉二百餘丈門廡百餘間督修者太監林潮也工竣更今名殿宇凡七重松栝二十三株柏二十株大皆合圍夾以雜樹上枝干霄下陰蔽地有二碑築亭覆之一爲敕建碑一爲大學士李東陽撰文楊

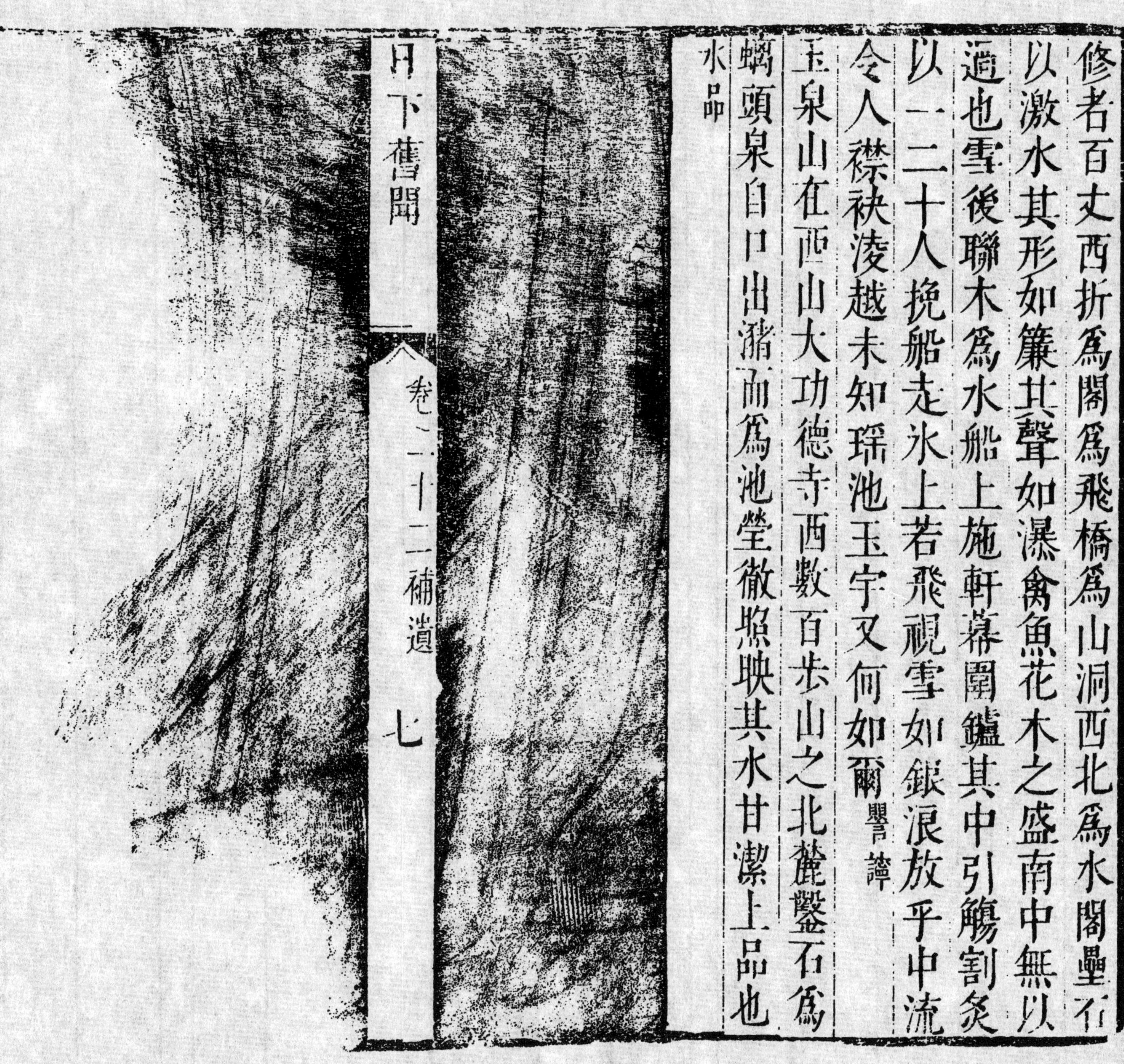

修者百丈西折爲閣爲飛橋爲山洞西北爲水閣疊石以激水其形如簾其聲如瀑禽魚花木之盛南中無以過也雪後聯木爲水船上施軒幕圍鑪其中引觴割炙以一二十人挽船走冰上若飛視雪如銀浪放乎中流令人襟袂淩越未知瑶池玉宇又何如爾譻譚

玉泉山在西山大功德寺西數百步山之北麓鑿石爲螭頭泉自口出瀦而爲池瑩徹照映其水甘潔上品也水品

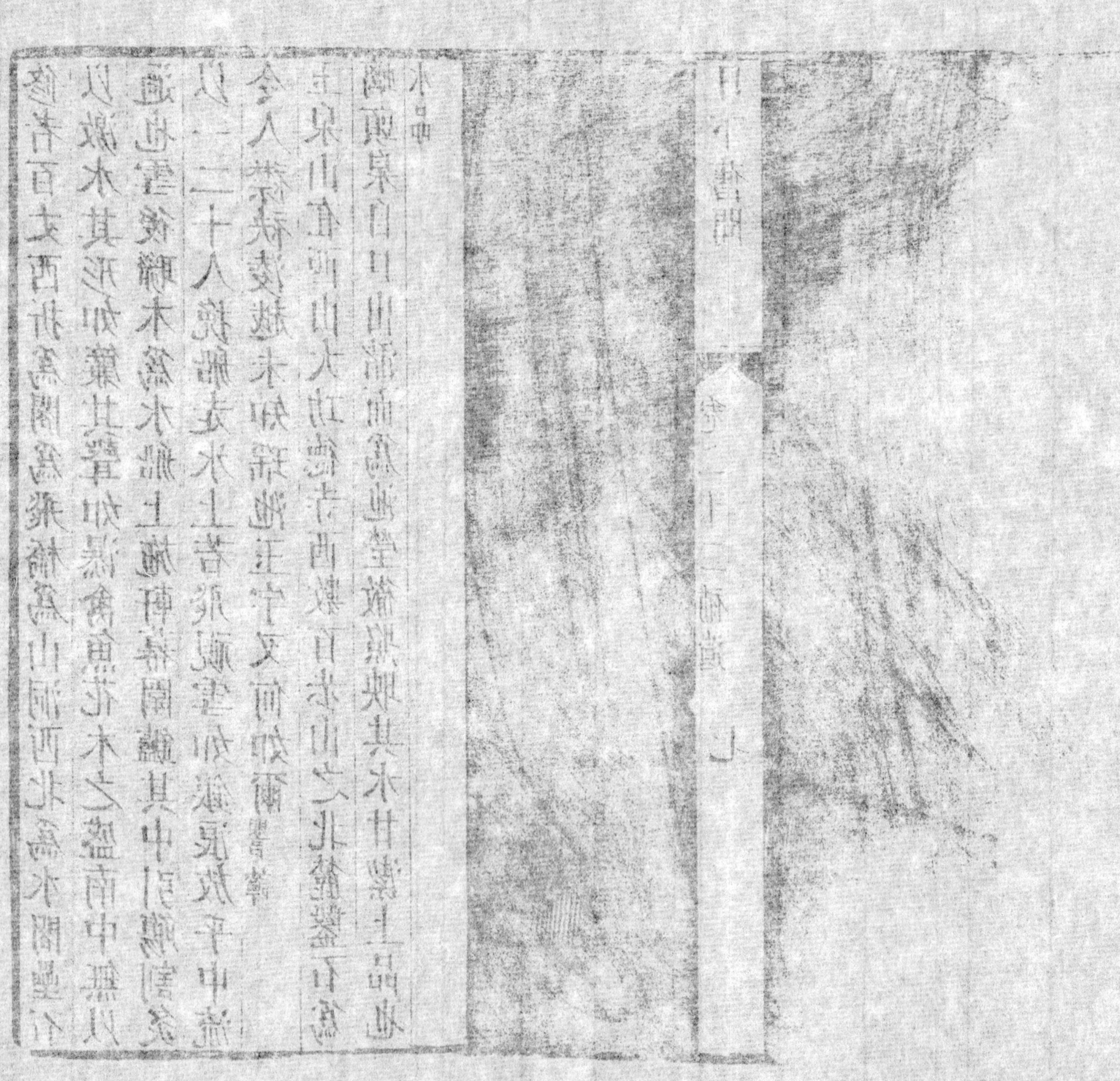

郊坰五

西山在府西三十里爲太行山之首 紀纂淵海

西山來自太行連岡疊岫上干雲霄拖抱迴環爭奇獻秀値大雪初霽凝華積素若屑瓊雕玉千巖萬壑宛然圖畫 戴司成集

西山內接太行外屬諸邊磅礴數千里林麓蒼黝谿澗鏤錯其中物産甚饒古稱神臯奥區也盧溝琉璃胡良三橋山水所洩多歸其中其水皆藻綠異常風日蕩漾水葉迤暎倚闌流覽令人欣然有欲賦京都之意 西遷注

西山諸蘭若白塔無慮數十與山隈青靄相間流泉滿

道或注荒池或伏草逕或散漫塵沙間春夏之交晴雲碧樹花香鳥聲秋則亂葉飄丹冬則積雪凝素信足賞心而雪景尤勝 長安客話

西山神京右臂太行山第八陘圖經亦名小清涼也 同上

貞祐二年正月李英乘夜與壯士李雄等四百九十人出城緣西山進至佛巖寺令雄等下山招募軍民旬日得萬餘人擇衆所推服者領之 金史本傳

白雲平章求仙于燕京西山頂一日適出滕玉霄訪之不値因戲題于壁曰西風短褐吹黃埃何不從我游蓬萊振衣長嘯下山去後夜月明騎鶴來竟不留名白雲公疑呂仙過之朝野輻湊寵賚山積後知爲玉霄題白

雲公戒以勿泄厚賂之 草木子

許衡別西山作大山如蹲龍小山如踞虎烱嵐鬱蒼翠遠近互吞吐我來薊門居遨遊成樂土策杖望朝雲卷簾看暮雨佳意豁塵臆勝槩入談麈使我鬱陶消使我勞瘵愈生平鄙吝心一洗出千古回首聲利人何殊坐囹圄遠役非素懷況有跋涉苦吟鞭裊東風遲遲遲如去魯芳菲二三月追遊盛梅塢歸來願無違一觴期對舉 許文正公集

陳孚西山積雪詩凍雀無聲庭檜響冰花酒膽大如掌平明起視巖壑間揷天瓊瑤一千丈夕陽微漏光崔嵬倚闌更覺爽氣多雲間落葉有徑否想見樵叟披青蓑 觀光集

李東陽西山詩日日車塵馬足間夢魂連夜到西山近郊地在翻成遠出郭身來始是閒雲裏盪胸看縹緲溪邊洗耳聽潺湲秋風忽散城頭雨先為遊人一解顏下馬溪橋散步行暑風絺紵入林清村殽野飯匆匆發碧水青山面面迎踏盡平堤憐綠草到來幽谷見雲生西湖勝事年年別幾日愁多不出城半嶺香臺石磴斜懸空縹緲送天花新開塔寺雄西郭舊賜經幢出內家避暑亭前泉帶雨回龍殿下水明霞太平天子無巡幸頭白山僧誦法華 懷麓堂集

王鏊游西山詩賞心多與宦情違三載來遊一夕歸樹下杯行殊草草水邊人去更依依郊原御略青驄度天水蒼茫白鳥飛回首青山應笑我漫將塵土浣

王廷相西山行西山三百七十寺正德年中內臣作華緣海會走都人碧構珠林照城郭憶昔武皇倦機務金馬門前有權璫賣官何止金為堂通賄能令鬼上樹六邊將帥多奴賤未掛兵符先見面文官細瑣不值錢鎮守監倉動千萬熏天氣焰侔天子噓之者生咋即死眼前變故如掌翻有賄方能保無事南海明珠不足尚西域珊瑚尋丈九州珍寶集京都遂使私門敵內帑人間富貴爾所有不慮生前慮生後高墳大井擬王侯假借佛宮垂不朽鑿山九仞平如席殿閣翬飛照雲日已請至尊親賜額更為諸僧求護勅東林畫壁千步廊西林蓮臺七寶粧南廊日月低浮圖北寺虹霓垂石梁金銀何算委溝壑夜夜中天生寶光釋迦釋迦定心痴慈悲反受豪華累土木橫起西山妖恐見蒼生日憔悴 王氏家藏集

鄭善夫西山雜詩西山五百寺多傍北邙岑土木春巖盡樓臺海霧深僧皆傳玉食地更累黃金縱目翻愁極長安歲歲陰 少谷集

王慎中遊西山詩良辰戾首夏肅軫遊西山山形何崒嵂洲渚亘相屬奔湍既不赴危峰亦上干谿谺石洞杳迤邐飛梁懸朱葩睎暘谷翠羽芟陰巒閟室象霞搆疏甍憑風騫抗宇凌層基列檻俯流泉好鳥揚幽音弱藻濯清漣豈惟耽遠遊因茲達大觀拾乳歷寮窌攝芳陵巑岏渟滀出澗淙靄靄月朧煙水碧間

清藻靈飈菌瑶菅履險神彌豁入幽情更延隱巖懷子眞蹈海期仲連遺形九州外棲迹萬象顛崇深惟素秉神理迷眞詮遊心迓冲漠斯道庶不諼 遵岩集

顧夢圭招盧駕部遊西山詩盧生逸興古來少瘦馬年年踏芳草聞說東曹公事稀山川須及鶯花好蕭條旅館製春衣拄笏西看冷翠微與君明日卽偕往醉逐流鶯花下飛山中絶與江南似恐爲春光亂鄉思未得扁舟訪故盧且復聯鑣修禊事人生百年幾日春休將黑髮戀風塵去年此地君曾至想見鶯花待故人 疣贅錄

郭文涓秋日游西山詩緬維京國遊夙憶西山勝前期戒朋儕昧爽理征鐙連鑣出都門散轡遵郊徑㞑

猶望晴巒迢遞陟煙磴蒼茫紫翠分參差金碧映雲際鬱層巖風中發孤磬山光足怡愉池色湛清瑩覺花粲奇馨慧草紛延亘梵影空中懸經聲榻前聽行恐苔痕穿嘯聞谷響應翠巘屢攀躋朱闌恒眺凭取適情易酬息機意初稱登臨愜賞懷攬結動幽興聊玆卻喧囂庶以慰蹭蹬 亨甫集

吳寬答傅體齋約遊西山青玉案詞西山於我如無分要遊時春常盡住向京華凡六閏出城偏近山僧笑我此事無人信故人書札勞相問可惜情懷還不順月暑同遊遊也悶湖隄須待杏花踈雨吹濕雙吟鬢 匏翁家藏集

元無名氏西山晴雪折桂令玉嵯峨高聳神京峭壁

排銀叠石飛瓊地展雄藩天開圖畫戸列圍屏分曙色流雲有影凍晴光老樹無聲醉眼空驚樵子歸來簑笠青青 太平樂府

聚寶山在玉泉山西南行數里度兩石橋循谿轉至卧佛寺寺在唐爲兠率寺今名永安殿前娑羅樹來自西域相傳建寺時所植今大三圍矣 春明夢餘錄

卧佛寺於深山絶澗中乃得寺以窣波爲門殿前娑羅樹二株西有泉注于池池上有石如碧玉 珂雪齋集

壽安寺白塔卓山門上入門古檜百章殿前二娑羅樹大數十圍左一海松後殿卧佛一又後小殿更置卧佛一俗遂稱卧佛寺 游業

卧佛寺名壽安因山得名卧佛俗稱也寺門有胡濙碑

卧佛凡二一香檀象唐貞觀年造一銅像憲宗皇帝時造寺僧云 長安可遊記

卧佛寺唐名兠率後名昭孝名洪慶今曰永安以後殿香木佛又後銅佛俱卧遂目卧佛云寺西廣慧庵東五華閣西南弘法寺 帝京景物畧

卧佛寺亦以泉勝層巖夾道木石散置可游可坐兩殿各卧一佛長可丈餘共一滲金甚精寺內娑羅樹二株子如橡栗可療心疾門西有石盤方廣數丈高亦稱是上报觀音堂周以欄循石盤下有小竇出泉淙淙琤琤下擊石底聽之泠然寺多牡丹蒔中官所植取以上供者 長安客話

卧佛寺今上曾駐蹕有重修御製碑 燕都遊覽志

娑羅不芘凡草不止惡禽 酉陽雜俎

娑羅花苞大如拳葉似枇杷葉凡二十餘葉相沓捧苞類桐花一簇三十餘朶經月方謝 茅亭客話

娑羅者其木葉如海桐又似楊梅花紅白色春夏間開 吳船錄

娑羅外國之交讓木也葉似柟皮如玉蘭色葱白最潔烏不棲虫不生子能下氣 通雅

五臺山僧俊言娑羅樹靈異至畫圖鏤版然如巴陵淮陰安西伊洛臨安白下峨嵋山在處有之聞廣州南海神廟四本特高今京師卧佛寺二株亦有干霄之勢顧或著或不著草木亦有幸不幸也 渌水亭雜識

朱國祚卧佛寺詩傳聞蘭若春三月花比青彌陀院

多惆悵芳時來獨後但聞風葉響娑羅 介石齋集

陳萬言卧佛寺詩覽眺吾將倦津梁子亦疲遠嵐燈熖細側檜雨聲欹僧榻禪棲定蕃齋夜供遲松寮思襆被不記出山時 鉼園集

觀音石閣而西有隆教寺又西上圓通寺望太和庵前山中人指曰水盡頭泉所源也又西上廣泉廢寺北半里爲五華寺 帝京景物畧

水源頭兩山相夾小徑如綫亂水淙淙深入數里有石洞三旁鑿龍頭水從龍口歕出又前數十武土臺突兀有石獸甚鉅蹲踞臺下相傳爲金章宗清水院章宗有八院此其一也水分二支其一伏流地中至玉泉山涌出 春明夢餘錄

從臥佛入山一里許有石磵磵旁仄徑緣而上爲普福庵自普福庵上半里有五華閣山隙一小寺寺側有亭兩泉合流于前一出巨石下一流細石間上有蹊望之若窮而隱隱復有樓閣 拘虛集

廣惠寺在府西三十五里舊名五華寺正統七年改建 明一統志

英宗卽位是年九月建壽安山寺給鈔千萬貫十月命拜住督造壽安山寺 元史英宗紀

至治元年春詔建大刹于京西壽安山鎖咬兒哈的迷失與御史觀音保成珪李謙亨上章極諫以爲東作方始而興大役以耗財病民非所以祈福也且歲在辛酉不宜興築帝殺鎖咬兒哈的迷失與觀音保杖珪謙亨竄諸遐裔 元史本傳

三月益壽安山造寺役軍十二月冶銅五十萬斤作壽安山寺佛像二年八月增壽安山寺役卒七千人九月給壽安山造寺役軍匠死者鈔人百五十貫幸壽安山寺賜監役官鈔人五千貫 元史英宗紀

泰定元年二月修西番佛事于壽安山寺三年乃罷 元史泰定帝紀

天曆元年立壽安山規運提點所三年改昭孝營繕司 元史百官志

至順二年正月以壽安山英宗所建寺未成詔中書省給鈔十萬錠供其費仍命燕鐵木兒撒廸等總督其工役以晉邸部民劉元良等二萬四千餘戶隸壽安山大

昭孝寺爲永業戶 元史文宗紀

按壽安山即五華山葛邏祿廼賢題張文忠諫罷燈山槀詩自注至治間御史觀音保諫五華山事棄市公時爲中書參議翊日上諫燈山疏可證也今之臥佛寺疑即元昭孝寺當時鑿山開寺最稱巨刹五華廣慧其地甚臨必合臥佛而爲一爾臥佛銅像雖傳成化時造而碑記未詳安知非冶銅五十萬斤所鑄耶

玉蓮池在香山五華山上 寰宇通志

出廣慧庵沿山南行得弘化寺門內白松盤槐多古意 游業

臥佛寺西南里許爲廣應寺寺有白松箕踞其下望見碧雲香山諸寺寺西爲木蘭陀 春明夢餘錄

隆教寺西越澗有長嶺嶺半爲金章宗看花臺臺畔有古松一株 同上

碧雲庵建於元耶律阿利吉正德中內監于經拓之爲寺天啓三年魏忠賢重修之土人呼爲于公寺巖下有泉泉旁一椰有大癭人呼癭椰椰左堂三楹萬曆御題水天一色前臨荷沼沼南修竹成林巖下一亭曰嘯雲 同上

碧雲寺二元碑一至順二年立一元統三年立 帝京景物畧

香山碧雲寺正德中御馬監太監于經所造經以便給

得幸導上於通州張家灣榷商賈舟車之税歲入銀八萬之外門以自飽斥其餘羨為寺于香山而立冢域于寺後上嘗親幸焉為之賜額嘉靖初下獄瘐死籍其家而寺與墓獨存 湖壖小品

自洪光折而東取道松杉中二里許從楓徑入一絡橫之跨以石梁為碧雲寺壯麗與香山相伯仲歷數百級登佛殿殿前鑿石為池深丈許水引自寺後石罅出竇薄人小渠人以卓錫名之寺僧導之過齋廚遶長廊出殿兩廡左右折復匯于殿前石池金鯽千頭今上嘗臨觀焉 長安客話

碧雲寺從楓徑入初不見寺登之乃見巍峨旁一亭祠竹白竿流泉為瀉珠石為屋殿前有魚池石橋 寓林集

日下舊聞

碧雲寺泉從山西壁蟠首口中吐出去渠尺許微有飛沐時雨初過淙淙若琴筑下注于渠渠達亭後折而東南又折而北渠廣尺餘越數步設一屏亭前有沼可一畝渠水注之亦由螭口出遶東南注垣下過香積廚又西南注殿前沼 余文敏公集

碧雲刹後有泉從石罅出有聲石壁陷其古亭曰聽水佳處泉遶亭而山流于小池種白蓮百本塘前稀竹攢綠有致竹旁有銀杏二株陰蔽一畝其左一洞若設屋泉復繞之而出達于廊下引入殿前為池界以石梁朱魚檻刺水屏障見至寺門進入于溪 珂雪齋集

碧雲寺金銀宮闕若王者之居殿前有池跨以石梁今上綫禪再幸樂之故游欲深上觀魚寺前有泉亭竹樹

寺御書額額曰蒼松古栢曰水天一色其西峭壁如城有石室三臨澗石門石竇盛夏可以避暑冬則徙卉木藏焉大復山房集

碧雲修除連栱與香山稱左緣曲逕有卓錫泉環庭際瀌瀌鳴中爲廣亭右壁綴以文石境之最幽者長安可游記

出香山策馬東行轉而西北即碧雲寺寺門有石獅二雕鏤絕工鐘樓西石刻蛟形泉從口湧泠泠瀉溝中出寺而納于澗同上

碧雲寺後有魏忠賢墓本于經舊墓道忠賢拓之翁仲石麟羊虎森列扶闌皆以白玉石爲之雕刻精巧中立二穹碑合書其銜忠賢戮尸之後未嘗葬此聞係崇禎

甲申都城破後其黨爲之者明初中官造墳安葬例給銀伍十兩自正德中多至五百兩矣其後歲益月增享堂碑亭制愈僭越夫山陵之制亦不過前樹一碑而已忠賢墓乃用二碑黨附小人之無忌憚如此惜無力士踣而碎之也泠然志

屯田郎中萬燝督陵工上疏曰臣於三月詣陵開工轉過香山碧雲寺見魏忠賢所營墳墓碑石崢嶸隧道深閟翁仲簪朝冠而環列羊虎接駝馬以森羅制作規模彷彿陵寢且前列祠宇又建佛堂金碧輝煌丹堊炤燿曾不一念先帝之陵寢未完內廷外廷之人止知有忠賢不知有皇上先朝王振劉瑾之禍可恐言哉頌天臚筆

王世貞宿碧雲寺詩幽人夜無寐初月銜山闇不見
靜焚香對鶴羣 太華集
落泉響竹裏開攀蘿丹磴轉鑿石翠流分獨愛空林
何棟碧雲寺詩萬峯圍殿閣碧色淨知雲樹影欄前
依想無勞更問禪 崇蘭館集
飛磴穿階響暗泉洞陰高若戶林靄碧於天到切歸
莫如忠碧雲寺詩香臺何處覓倚杖漏層巔出樹姿
情何戀主與組 白榆集
襟僧導轉迴廡石泉山下行流杯坐中取自此息遊
林香靄薄珠宇華滋當高垣蕭蕪雜修楚入門響重
居爾與闤中土柯底會關闕最間匝廣廣鐘鳴出樹
何御碧雲寺詩侵晨發廣源到寺日亭午回見山下

宮樓無可念從茲辭塵軼 荊川集
新豐光千憙崖懸雁先飛覓會萬象照斯樂百處瑜
密林塘竅徐遠峰挂虹霓宵看朝旭升畫見昏星列轍
洛室盪泉鳴冰井佛陰穴潛陰陽眞眩迷迴竹埵植
邈哉神皐奧居然靈境別夷峻疏深池塞坎靜崇梫
出沐乘休暇尋幽展權悅泚澗循濱淺攀躋面巘巉
唐順之遊西山碧雲寺詩瑞居滯文翰久與賞心闕
誰主太息向斜曛 枸虛集
宇斷木所石巢分魚羅翻黃見鸞帝圖竹開經營竟
陳沂遊碧雲寺詩西嶺多金剎林深到碧雲山文珮
月紅杏碧桃花 蘭山集
陳深碧雲寺詩鳥道千盤迴半隱一徑斜年年二三

月出光但見松影落弇州山人稿

公鼐碧雲寺詩西山千百寺無若碧雲奇水自環廊出峰如對塔移樓齊平樂觀苑接定昆池不似人工得當時作者誰問次齋稿

姚汝循碧雲寺詩策馬隨流水穿林到碧雲金銀開法界紫翠藹朝曛峯自香鑪轉泉非裂帛分年來機事息魚鳥與人羣錦石齋集

朱國祚碧雲寺詩銀牓高懸寶地賒游人只愛寺前花不知賈舶徵求盡舊鬼年年哭路沙介石齋集

錢楷碧雲寺詩空王臺殿碧氤氳藥塢松關啓夕曛叢篠娟娟圖砌密細泉汩汩繞廊分月明梵唄諸天近雨後鐘聲下界聞向夕虛堂對寒碧坐來衣冷欲

生雲萬玉亭集

傅淑訓碧雲寺詩洞巖倒立石箭澗水斜流落花朝雲迷處僧舍暮山影裏人家帝京景物畧

西山蒼蒼上干雲霄重岡疊翠來朝皇闕中有道場曰香山李晏香山記

香山寺北遼中丞阿里吉所捨殿前二碑載捨宅始末光潤如玉白質紫章寺僧目爲鷹爪石又云寺即金章宗之會景樓也冷然志

耶律淳者世號爲北遼興宗第四孫保大二年天祚入夾山奚王回離保林牙耶律大石等引唐靈武故事議立淳即位百官上號天錫皇帝改保大二年爲建福元年尋病死百官僞謚曰孝章皇帝廟號宣宗葬燕西香

山永安陵遼史

天會間大軍下河北胡礪為軍士所掠行至燕亡匿香山寺 金史本傳

大定二十六年三月香山寺成幸其寺賜名大永安寺給田二千畝栗七十株錢二萬貫 金史世宗紀

大定中詔臣搆與近臣同經營香山行宮及佛舍 金史本傳

明昌四年三月幸香山永安寺及玉泉山承安三年七月幸香山八月獵于香山四年八月獵于香山五年八月幸香山泰和元年六月幸香山六年九月幸香山 金史章宗紀

元世祖幸香山永安寺見書畏吾字于壁問誰所書僧

對曰國師兄子鐵哥書也帝召見愛其容儀秀麗語音清亮命隸丞相孛羅備宿衛 元史本傳

皇慶元年四月給鈔萬錠修香山永安寺 元史仁宗紀

元平章政事李武愍公葬京師之西永安山之陽其子益都淄萊等路管軍萬戶世雄祔葬先塋 養蒙先生集

香山永安寺亦名甘露寺石梁下有方池正統間遣中官以金魚數十投其中今巨者盈尺矣上金剛殿後有古椿六又上由畫廊登慈恩殿其右為香爐岡岡下有蟾蜍石丹井又有夢感泉金章宗嘗至其地夢矢發泉湧旦起掘地果得泉其後僧以泉淺濬之遂隱 南濠集

香山寺南一山松蘿交蔭橋下魚朱黑二種若游空中拾級而上佛殿甚閎壯殿檻外兩山環擁遠望一亭踞

山半穿磴道二里始至亭名流憩下視寺垣如隍深壑望遠水如白玉玦疑卽桑乾河也瀟碧堂集

香山一徑幽邃青松夾道流泉下注朱闌上引依巖爲刹高傑整麗獨是作者騁象馬之雄圖丘壑之妙思數十年後金碧蝕于蛛絲堦砌隱于苔蘚遊人漸稀樹木漸老則玆山之勝當倍于今日矣袁中郎集

香山門徑寬博喬木夾道流泉界之依山汙隆以爲殿宇殿前古松二株虬龍詰曲左來青軒如衫袖忽開盡見原隰寺後有藏經閣石路淨潔高松列植四望北來青較遠其傍僧舍數十處多植偃蓋之松引流水周其霤下珂雪齋集

穿洪光寺栢徑而上卽香山藏經殿步而下卽後殿從

兩廊透迤行至正殿歷級從東行至方丈自廻廊復東爲來青軒下見坡坨杏樹可十萬株寺中來青軒鬱秀淸雅望都亭四扁皆今上御書燕都遊覽志

香山有乳峯石晴噓雲霧類匡廬香爐峯故名長安可遊記

香山夾道盡白楊青檜流憩亭在山半灌木陰翳中來青軒前兩山相距而虛其襟以捧帝城自無量殿折而至弘光寺皆短垣踈栢中涓甃白石爲階東望閣道參差爲光裕寺緱山集

香山寺殿五重崇廣畧等斜廊平欄翼以軒閣世宗幸寺日西山一帶香山獨有翠色神宗題軒曰來青來青軒右上轉而北爲無量殿轉而西曰流憩亭山多名蹟

有葛稚川丹井金章宗祭星臺護駕松夢感泉又有碁盤石蟾蜍石香爐石寺始金大定正統中太監范弘拓之費七十餘萬今寺有弘墓墓中衣冠耳葢弘從幸土木不歸 帝京景物畧

香山有巨石二狀如蝦蟆石下二井相去丈許水深才三四尺俯手可濯井底沙石歷歷可數近寺人家皆取給焉 文義集

張養浩遊香山詩山行彌日山益奇亂峯挾翠紛參差遊人如蟻度林杪細路一線雲間垂我來青帝已迴馭大古殘雪猶離離一聲啼鵊百花落兩崖紅雨春淋漓蓬萊兜率杳何處無乃造物移於斯斜陽忽將暝色至山靈應怪歸鞍遲 歸田類稾

虞集題大都香山寺圖香山蒼翠帝城西古寺高寒北斗齊繞屋清泉龍穩臥對檐老樹鳳常棲會陪退相尋山徑亦共幽人躡石梯忽見畫圖驚十載春雲秋雨不勝題 道園學古錄

李夢陽香山寺詩萬山突而止兩崖南北抱鑿翠置殿樹級石上穹昊高卑勢各稱曲盡結搆巧有泉如綫縷盤轉出松杪嗜奇忘登頓緣危肆探討險絕逼斗牛蕭颯若風島夜宿來青軒天色碧可掃湖沙靜莽莽海月白浩浩想當邦邑初此地即蒿草綺麗誰所營民力為茲槁 空同集

又集句二月已破三月來山下碧桃花自開半醒半醉游三日並馬今朝未擬回 同上

何御香山寺詩香山高巘叢複磴碧雲西對嶺抱溪轉廻峯聳剎齊高甲散精舍錯落標金題搴蕊多勁條采芳無柔荑息策丹泉曲振衣青霞梯已貪竟流覽殊覺疲遠躋欸欸下層閣徐徐道前蹊賞心頗云悉矯首夕陽低 白湖集

馮惟訥香山寺詩香界盤空磴松蘿一徑幽何須問葱嶺此地即丹丘檻是諸天隔泉將德水流山花雜祇樹隨意滿芳洲 少洲集

栗應宏香山寺詩山色敞招提空香處處迷曹溪一水曲瞿舍五燈齊夕鉢藏龍影春沙印馬蹄何期踏芳草靈境得攀躋 栗大行集

王格香山寺詩峻嶺凌青漢疎林隱絳宮騎從斜磴

入門逐斷巖逗風日三秋裏闕城四眺中松亭陳桂醑延賞興何窮 少泉集

何維栢香山寺晚眺詩翠積香山迴烟深草徑迷傍橋尋谷口緣磴躡招提孤鳥連雲遠平原入望低回瞻雙鳳闕高峙玉河西 天山集

謝榛宿香山詩深夜無眠風露清天移北斗坐間橫幽人不作紅塵夢月照空山鶴一聲 四溟山人集

安紹芳香山寺詩隔嶺藏香閣到門生暮烟斷崖寒積雨細草伏流泉臺指祈星處松傳護駕年石幢連繡栱似欲化青蓮 研亭稿

黎民表香山寺詩郤月橫香閣祠星隱紺臺殿隨山勢轉池向水源開雙闕浮雲歛千林返照來鶴岑清

絶處心賞信悠哉璀石稿

吳擴暮登香山詩石門亘西天幽花夾山路歸鳥競喧呼夕陽隱芳樹登登青厓端偶與羣公遇散坐雲壑間會茲靜中趣纖月何娟娟清風灑襟素貞素堂集

俞憲香山寺詩已陟軒楹勝還尋澗壑幽獨行無燕笑情至亦淹留花密藏溪路峯危帶石樓回看禪誦處香靄接天浮是堂稿

郭棐香山寺詩來青亭上覽流暉歷歷僧房隱翠微大壑風聲撼几席近山霜氣濕征衣林花照水娟娟並幽鳥迎人欵欵飛因憶羅浮諸勝在驅車何日可言歸蘭省稿

朱國祚秋入香山寺詩山半松門度石梁流泉决决響僧廊置身着色屏風裏梨葉新紅柿子黄介石齋集

陳萬言香山寺詩氣轉春逾爽山藏霧尚寒路貪通杳靄香已熟旃檀霞外千峯寺人間六祖壇淋漓瞻寶墨飛作五雲看鉼園集

傅淑訓香山題壁詩碁盤石無人奕護駕松有鳥棲下界鐘聲古寺上方月影前溪平甸草鋪似繡高峯石削如門牛羊十里五里雞犬前村後村帝京景物畧

香山寺有軒曰來青坐見兩山廻合平疇外衍飛鳥出没雲際寺門有泉石橋跨之其流入西湖栢厓集

永安寺來青軒軒居山半俯瞰叢樹青黃相雜循廊而上殿閣崇麗與平坡並峙正統間太監范弘所建懷麓堂集

來青軒臨絕巘周匝女墻倚墻下瞰平楚荒榛杳渺無際余文敏公集

來青軒五楹闌楯外垣以磚甃下臨絕壑玉泉諸峯按伏其前朱殿撰之蕃題楹云恐壞雲根開地窄愛看山色放墻低憑闌東望盡挹山川之秀若流憩亭不及來青遠甚然仰視山巔高揷雲漢亦奇境也至寒泉亭斯可有無矣長安客話

李東陽錢仁夫錢承德夜宿香山來青軒聯句一軒縹緲閣空青東陽四顧參差擁翠屏仁夫凉夜推牕

堪待月承德前朝掃石記祠星東陽雲蒸衣潤龍歸鉢仁夫風裊爐薰鶴聽經承德地隔紅塵三百丈東陽尋仙何必泛滄溟仁夫美具錄

李言恭宿來青軒詩地敞千林月門開萬壑霞花間翻貝葉樹杪見人家路轉溪流折山廻石磴斜半空聊借榻高臥似浮槎貝葉齋藁

區大相登來青軒詩層軒翠微裏宸翰此高題仰見星辰列平看雲霧低路盤陵樹北山擁帝城西萬乘來遊地應無七聖迷海日集

董應舉西山來青軒對月詩地白鐘聲寂山秋夜色多倚闌成雪界拓戶即天河野氣沈平楚池光轉碧蘿忽聞青籟發淒絕獨如何董崇相集

來青軒之前兩腋皆疊嶂環列賓軒爲金章宗祭星臺其西南道上章宗經此有松密覆因呼爲護駕松 長安客話

常山劉文正王以沉機大畧最爲世祖親幸且通秘術用兵之際役使鬼神多著奇效乃作祠宇于宛平之西山以祀太乙六丁之神號曰靈應萬壽宮 說學集

至元十一年建太乙宮于兩京命李居素居之領祠事且禋祀六丁以繼太保劉秉忠之術 元史釋老傳

趙孟頫萬壽宮館舍作來時殘雪點征衣落盡庭花尚未歸夢裏不知身臥病春衫鄉路馬如飛 松雪齋集

范梈靈應宮詩萬花如繡擁朱宮上界嚴祠望碧空

一十二時春百刻日長半在鳥啼中 范德機詩集

元英宗延祐七年四月祭遁甲神于香山今香山有金章宗祭星臺於史無所考或是元時祭遁甲神之地 北平古今記

鄭琰祭星臺和韻翠華曉散七星壇雲繞真人五嶽冠昨夜桐花初着雨天風吹落棗枝盤 列朝詩集

香山西佛堂懸今上御書二扁一曰雪白山青一曰西巖 長安可游記

程敏政香山永安禪寺觀音閣重修記西山之刹以數百計香山號獨勝層樓疊屋翬飛岌立于林巒紫翠中若畫圖然觀音閣據寺東隅視諸閣尤峻閣久漸圮寺主左善世定皚東白募修之太監李公興陳

公晃爲之上聞詔賜內帑白金彩幣倡之遠邇聞者咸樂爲助乃於弘治四年七月啓工以明年竣事東白常熟人弘慈禪師玉磵清公再傳之弟子　篁墩集

洪光寺據山頂短垣遶門地悉甃以石寬平可坐山之勝一覽而盡　南濠集

寺磴凡九曲歷十八盤而上每磴松栢成行如列屏幛　寓林集

洪光亦古刹巨璫鄭同重修同朝鮮人也寺內圓殿千佛各坐寶蓮皆極工巧臺右有姜立綱書碑　游業

洪光寺徑上指玉華寺再上指玉皇閣下指碧雲寺再下指弘法寺十有八盤而徑盡至寺門香山乃在其下寺建自鄭常侍同同生高麗其國王李祹貢入中國得

侍宣宗後復使高麗至金剛山見千佛繞毘盧之式歸結圓殿供毘盧表裏千佛面背相向自爲碑文自書之　帝京景物畧

成化四年十二月遣太監鄭同崔安冊封朝鮮世子李晄爲王既行巡按遼東監察御史侯英奏同與安俱朝鮮人墳墓宗族皆在其地於其國王未免行跪拜之禮進囑托之辭殊輕中國之體乞追寢成命遣翰林院給事中及行人往使爲便上是其言於是賚賞則遣內臣冊封則遣廷臣有學行者　憲宗實錄

王廷陵同張崑崙過洪光寺詩洪光高閣杳林端繚繞雙過錦繡鞍曉日乍開仙闕曙春雲猶弄上方寒牕中猿墮青天影樹裏人行赤玉闌已分息機甘晏

寂長安風霧任漫漫 今雨瑤華

鄔佐卿洪光寺詩綠暗深深入林端梵宇開晴嵐飛鸛鶴秋色繡莓苔磴轉山容變雲移塔影來遲回不得住舍此復塵埃 芳潤齋集

麥震洪光寺詩盤旋窮九折紺殿忽籠葱寺正當高處山都在眼中翻階花勝雪委地椰宜風醖醉歸途裏春雲處處同 練谿集

鄧欽文洪光寺懷陳丈詩寺裏還藏寺山頭別起山磴盤千級上僧占一峯閒秀色杯前墮孤雲杖底還元龍負奇好惆悵不同攀 詩統

朱正初洪光寺詩石磴千盤殿角寒到來松色滿闌干白雲飛去寺門閉留得斜陽向客看 長安客話

朱國祚洪光寺詩石門幾曲轉丹梯圓殿僧同怖鴿棲指點遊人下山路酒旗風颭夕陽西 介石齋集

左光斗洪光寺詩磴削天全澗梯蟠地轉牢一亭環積翠萬里見秋毫白日入林礙青天過鳥勞自從經

御蹕直是五雲高 左忠毅公集

出洪光寺東數轉爲玉華寺寺後有池泉流涓涓不絕山房跨磵十餘楹稱玉華別院越磵折而西北有小院名慈壽庵 游業

王嘉謨玉華寺詩層峯開淨域十丈控丹梯坐瞰平湖淺中分萬嶺低斜陽傳塔影飛瀑亂鶯啼自覺諸天近香花聚路蹊 薊丘集

表忠寺門左右各二松一石俱奇古 燕山紀遊

下香山至延壽庵樓五間高數仞右爲蔬圃種茜韭梨栗其前田疇彌亘數里上有大璫鮑忠墓忠事武廟世廟兩朝柄司禮監二十年宜其塋建弘敞如此也 余文敏公集

循香山之左歷滕公寺至鮑家寺寺有古松十株陰覆石埒濃翠可愛 長安可遊記

按土人所稱鮑家寺卽延壽庵也

鮑家寺兩掖石樓屹立青槐百株交蔽修衢殿楯果松四株枝葉婆娑覆陰無隙地寺下又有滕公寺石垣周遭若一縣郭其中飛樓相望清渠激戶雜花滿楹 珂雪齋集

朱國祚夜宿鮑家寺詩青豆房低結搆牢長松靜夜

卷秋濤分明一枕谿亭雨崕起不知山月高 介石齋集

從延壽庵折而北又西爲小碧雲寺寺宣德中太監張某建寺額宣廟所賜也今之碧雲乃昔俞家庵因有兩寺故此以小別之隔垣有翠華亭 余文敏公集

狠兒澗在香山東四里許 四溟山人集

謝榛狠兒澗歌狠兒澗東扶杖行石工斧鑿無停聲太古蔑身祇巢穴軒皇之後多有營漸傷元氣非今日三代相因棟宇成石工死石工生天地不老青山平 同上

由廣慧庵遥望山椒丹樓縹緲詢知爲曹家樓樓踞山巔下臨石洞右折百步爲翠巖庵更上卽中峯庵矣 長

西山別嶂忽開如兩袖之垂其左爲帝王廟翠巖寺曹家樓其右爲弘教寺而其中爲中峯中峯庵有石樓可眺有亭高出半山圍墻十里悉以白石壘砌 珂雪齋集

中峯庵地盡石無土階墀徑磴可枕藉臥松滿院響謖謖然澗南上弘教寺廢寺也 帝京景物畧

中峯在香山之後以其居諸峯之中故曰中峯也躡危磴而上有庵庵兩翼有亭山之陽有弘教寺山之陰有晏公祠翠巖寺永壽庵 春明夢餘錄

朱國祚中峯晚望詩中官丙舍郎花宮松栢林前梵磬風試上精廬高處望樓臺金碧夕陽中 介石齋集

出小碧雲寺而西有弘教寺寺在山脊東上一閣宣廟

會駐蹕于此 余文敏公集

從洪光寺過佛光寺爲弘教寺寺有石橋魚池前有流泉亭巖旁有晏公祠石室琢三皇五帝列聖名賢像自宣尼而下及宋朱紫陽李延平諸公兩壁刻畫忠臣孝子如王祥顏杲卿之屬又有小石室題函五經書史詢之乃武廟時中貴晏公造也自入西山所見金碧殿閣皆浮屠氏之宮中人自營其身後香火藏而此獨及儒門何類無賢因之嗟歎 寓林集

弘教寺有亭可眺亦有喬松怪石佛像清古爲山中第一 珂雪齋集

晏公祠正德中晏常侍忠所立也過澗石橋過橋石門曰道統門石殿三楹像皆石上像三皇五帝三王左象

周召孔孟諸聖賢右象周程張朱諸大儒壁五石龕一一龕標一經名維以藏其經殿外一石亭亭壁列鐘簴干戚錢鎛弁裳之屬一如五經以便治是經者左龍馬馬毛旋五十五數具一如河圖右雒龜龜甲四十五數具如一雒書東堂三楹壁列忠臣龍逄以下孝子曾閔以下右圖而左書其行事以告觀者石象渾朴不類漢以後及西域像法堂後累石爲洞洞壁標先儒格言及詠道詩祠今居守者一僧也仍於其私室設彼教像誦彼教文字焉 帝京景物畧

王穉登弘教寺詩先朝行殿作禪宮黃屋青山本是空聞道一人曾駐蹕山僧不敢住當中宣皇在日寺新成萬乘親來寺裏行芳草也知無玉輦秋風秋雨

滿階生 燕市集

姜應甲題晏公祠詩空山石祠堂落穆跨深壑句象古聖賢高下坐淵漠殿墀列龜龍如出自河洛煌煌先儒語所爲忠孝作性理二百卷題壁見大畧歷覽感我心人傳晏公鑿厥志在尼山高邈得所託媿哉彼檀施釁血塗丹雘 帝京景物畧

按元史泰定二年中書省言養給軍民必藉地利世祖建大宣文弘教寺賜永業當時已號虛費今遺跡已無可考觀晏公祠石像禮器制度渾朴不類明時匠人所繫且元於儒釋初無所分疑寺卽宣文弘教之遺址晏忠特從而修飾之者當再與博雅君子考之

由弘教寺下山度坑而西有廣仁寺 余文敏公集
翠巖寺不甚弘敞而具山林之致門有渠天雨則山巔飛流直走原麓剎後石路百級有禪院四周皆茂樹有泉甚清可煮茗 珂雪齋集
胡應麟宿翠巖寺詩亂峯逢策杖零露幾沾衣客到青霞館雲生白石扉寺寒山鳥下鐘定水螢飛爲愛西牕宿泉聲出翠微 少室山房集
下弘教寺循山趾而南有盧師山與平坡山並峙諸寺鱗次曰清涼曰證果曰平坡皆古剎也 長安客話
泰定三年二月建顯宗神御殿于盧師寺賜額曰大天源延聖寺勅貯金書西番寺藏經八月天源延聖寺神御殿成十月奉安顯宗御容于大天源延聖寺賜鈔二萬錠四年十月命帝師作佛事于大天源延聖寺 元史泰定帝紀

天曆二年五月於玉德殿及大天源延聖寺作佛事 元史文宗紀
明宗八不沙皇后天曆二年請爲明宗資冥福命帝師率諸僧作佛事七日于大天源延聖寺 元史后妃傳
元統六年四月詔大天源延聖寺立明宗神御殿碑 元史順帝紀
盧師山以神僧得名師隋末居此山能馴二龍子山有潭覆以巨石其下深不可測二龍潛焉歲旱禱雨輒應舊有寺即以盧師名今清涼寺是已 長安客話
清涼寺古佛阿難迦葉三像乃唐天寶遺製 寓林集

大小青龍之神按碑記昔有僧名盧自江南來寓居西山之尸陀林秘魔巖一日二童子來拜于前盧納之爨薪供奉寒暑無怠時久旱不雨二童子白于盧能限雨期言訖即委身龍潭須臾化青龍一大一小至期果得甘雨事聞賜盧師號曰感應禪師建寺設像立碑以記其事又別設祠于龍潭之上春秋遣官祭青龍神宣德中勅建大圓通寺二青龍出現禱之有應於是加以封號至今春秋遣順天府官致祭及遇歲旱遣官祭告蓋因舊傳二龍能致雲雨故累朝崇奉如此 青谿漫稾

盧師山有寺曰盧師寺正統十一年更名清涼今佛殿已無一梵相坐風露中左右迦葉阿難風露中侍僧曰唐天寶遺製過寺半里秘魔厓是盧師宴坐處相傳隋

仁壽中師從江南棹一船來祝曰船止則止船至厓下止師遂崖居居數歲二童子來曰大青小青侍師不去歲大旱所司徵禱雨者童子白師願施雨雨一方遂乘雲氣去俄雨大注知大青小青乃龍也龍歸投潭中潭廣丈巨石覆之深窅不可測二龍有時出雲氣仍隨之厓下塑二童子侍師像厓上一栢產石面長尺不凋不榮是盧師所植東證果寺寺傍有亭望渾河下善應寺殿佛不跏趺高几危坐儀如中土兩廡塑羅漢五百 帝京景物畧

唐書韋挺傳挺遣燕州司馬王安德行渠作漕艫轉糧自桑乾水抵盧思臺行八百里渠塞不可通挺以方苦寒未可進遂下米臺側廥之待凍泮乃運以爲解按今

京城西三十里盧師山相傳爲隋沙門盧師馴伏青龍之地以唐書考之當即盧思臺師乃思之誤也桑乾水即盧溝河 北平古今記

垂拱中宋琪請復幽燕疏言從安禮寨西北有盧師神祠是桑乾出山之口東及幽州四十餘里趙德鈞作鎮之時欲遏西衝曾塹此水河次半有崖岸不可輕度其平處築城護之守以偏師此斷彼之右臂也 宋史

馬祖常盧師山下過郝景文參政墓詩故相聲名遠荒阡松栢長地能終不夜天莫借飛光舊客驅車過新詩洒泪傷千年此山下樵牧禁牛羊 石田集

曾棨盧師寺詩久懷招提遊偶此得尋訪巖巒逈杳靄闌檻俯虛曠飛花出洞中古栢蔭池上欲識雙青

龍變化爾何狀 巢睫集

李時勉盧師山龍潭作湫中龍何許睇目東南峯旁厓下陡絶緣徑披蒙茸履險時復憩始與前山通竇坎覆清泉神物潛其中林谷爲森爽烟霧爲冥濛時乘雲物去靈雨下晴空既雨即湫處年穀亦以豐明祀大小青盧師與無窮 古廉集

郭武雨中宿清凉寺詩遠來禪境宿深在濕雲層路險無人跡堂空有佛燈共聽青嶂雨對坐白頭僧話久何曾睡聞鐘客又興 郭氏聯珠集

李濂盧師山詩盧師山上古龍潭大青小青秋霧含坐久陰雲生洞口忽看微雨過湖南 嵩渚集

蔣山卿清凉寺龍潭詩潭水淸如許龍藏深未知珠

明護燈夜雲堦聽經時法雨空中潤塵灰刼後移還將馴擾力指鉢問吾師 南冷集

無名氏題清凉寺壁詩山僧汲空潭驚起二龍子百里雲冥濛三日雨不止 長安可游記

唐時覺禪師嘗以道力攝二龍於萬壽寺中池內常見蛇形一曰大青一曰小青宋因禱雨有應封大青應濟侯小青利澤侯 燕山叢錄

天旱道士持青蛇曰盧師谷小青謂龍也禱之即雨呂思誠以其惑人殺蛇逐道士雨亦隨至 元史本傳

京師西山寺有二青蛇客至僧呼蛇以酒肉飼之二蛇輒引喙出入無憚謂之曰蛇菩薩 西樵野記

謝榛夾山寺詩黎河路轉入烟霞爲訪蓮峯衲子家

萬古山靈開白馬三秋石窟閉青蛇 山有大青小青二蛇

曇雲不作空中雨衹樹還生象外花欲共壺堂畱此夜燈前仍復演三車 四濱山人集

按徐伯昌所錄陘四濱山人詩俱有大小青而一曰萬壽寺一曰夾山寺姑附于此以竢再考

秘魔厓在山半大石嵌空幾二丈僧垣其西南爲禪室又南別爲爨室從爨室西二十餘步始入巖出東行百餘步有大石側立道左右爲池蓋大小青龍所蟄處視之不甚深然側入不可窮池前有雙栢上有小殿順天尹李侯執中創以祀神者又東度山嶠二百步入清凉寺西門 王文端公集

郭武游秘魔崖詩清磬烟蘿出禪房絕頂關路危青嶂亙潭暝白雲還金鉢龍雙隱蒼厓栢獨閒渾河流杖下今隔幾重山 郭氏聯珠集

朱國祚秘魔崖詩秘魔崖亙蘚文斑千載盧師去不還遺有澄潭二龍子日斜歸處雨連山 介石齋集

證果寺前臨青龍潭後有秘魔巖中空如室石如偃芝云是秘魔祖師所居 長安客話

從三义口經新莊度西嶺折而北有善應寺寺中四松最奇門列天兵十狀極詭異廡下有五百羅漢 余文敏公集

蔣山卿宿善應寺詩突兀開深殿嶔崟抵細岑松門延晚色竹院閉秋陰寂定傳燈影清餘放梵音卻嗟

千日醉空負百年心 南泠集

昌化寺殿壁繪阿羅漢五百尊穿崖渡海神通遊戲宣廟時吳偉小仙筆也 燕山紀遊

何景明夜歸昌化寺詩日落歸山刹松風處處聲幽深不易到昏黑夜多驚壑斷尋谿入峰迴絕嶺行茲游藉朋好奇絕冠平生 大復山人集

由常明庵出杏子口至平坡寺所謂盧師清凉翠微善應靈光諸寺皆在焉 緱山集

秘魔厓西行碎石中一里自龍泉庵而上平坡寺也寺爲仁宗勑建曰大圓通寺規制宏麗今圮壞後殿藤胎大士七尺清古具丈夫相憲宗駕幸寺見金剛面正黑上笑曰似火裏金剛一夕火起金剛燬焉寺上一里寶

珠洞洞石黑白點滲之珠名以此 帝京景物畧

翠微山圓通寺蓋舊平坡寺也洪熙初詔改作易今名寺在西山高處去城可四十里昔太子少師姚廣孝嘗言平坡最幽勝負學佛者所宜處好遊之士所必至也殿前後凡三重因山勢爲之愈後則愈高皆翼以長廊亦因地爲斜正殿上皆有像飾以金碧最後殿去山頂不百步由殿東南下爲方丈蓋住持者所居中室祀釋迦像又從東廊出前殿殿左右皆高閣升其左山勢既高閣又出其上憑闌望之遠入無際西廊後地稍下北爲禪堂其中爲厨庫南爲禪室 王文端公集

平坡寺元故刹宣德間修之改名圓通斬石爲址凡爲殿五層最上有小殿極峻險前俯巨壑目覊都城九門三殿隱隱可識 懷麓堂集

大圓通寺剏于唐至宣德年重葺因改是額且名其山曰翠微山後有小天寧寺 余文敏公集

大圓通寺洪熙元年重建 明一統志

平坡山亦名翠微山成化中駕嘗幸此 長安客話

平坡寺嶺雖高而不覺其峻寺在山巔一目千里 栢崖集

宋褧平坡訪謝草池作玉泉西畔昔慣往盧師東邊今始行山石犖确嚙馬足樹林陰翳藏禽聲坐上主人譚衆妙壁間圖畫教長生 自注懸畫八幅皆熊經鳥伸之術 所嗟秘徑禁來往不敢題詩留姓名 燕石集

釋道衍題平坡寺詩平坡杳杳把西湖徑斷樵行路
翠鋪泉落石河深愈急雲歸沙樹遠疑無夜堂風靜
簃帷幔曉井霜寒響轆轤那得餘生辭世網捲衣來
此日跏趺 逃虛子集

王英遊翠微山詩京都壯且麗西北皆名山翠微獨
崔嵬高出霄漢間上有金仙居連峰起巑岏夙聞此
地勝未得窮躋攀主恩賜休暇三日有餘閒策馬出
西城迢遞睇層巒我友五六人與軼浮雲端欲登峰
萬仞俯視八極寬 泉坡集

王直大圓通寺詩梵宮何巍巍下馬陟峻坂山僧肅
前道焚香起重楗高棟切層霄飛甍抗崇巘金碧表
奇麗突兀給孤苑地雖占幽夐誰能申纏綣嗟哉學
佛徒眞寂究微婉自非與物遺徒謂去城遠 王文端公集

李夢陽平坡寺詩西山萬佛寺爛若舒錦繡平坡憑
風迥突出衆山右宮閣因巖坳面勢巧相就百里見
琉璃巀嵲戴雲構朋游探絕跡杪秋歷羣岫得此目
力展恍疑出氛圍雄壓香山麗澗掩望湖秀落木響
巖扃寒嵐染衣袖延緬古今并佇立悲慨湊盛業慮
反始危基有傾覆千載誰復臨逆想蓬蒿茂 空同集

何景明平坡寺詩晚眺平坡上蒼茫萬壑前一僧行
樹杪諸客到寒天險駭將崩石清憐作圻泉翠華公
主塔縹緲碧山巔 大復山人集

李濂平坡寺詩蘭若秋烟裏霜林返照中澗迴公主

塔山坼梵王宮草樹如迎客沙禽不避驄攜遊興無限行色奈匆匆　嵩渚集

薛蕙詩亭午翠微山半路下看山底翠雲生客來准擬山中宿雨至何妨洞裏行隔竹泉聲初淅瀝傍巖花樹轉分明題詩攜酒兩殊絕翻怪風烟報晚晴　西原集

廖希顏翠微寺詩翠微西接古神州石磴雲盤閣道幽白日烟霞林谷迥長風鶴鸛海天浮僧歸黃葉峰前寺水向青龍口下流只道長安天尺五誰云此地減瀛洲　東雩集

馮惟訥晚登平坡寺詩繡嶺岧嶢紫翠重隔林斜照落長松天開洞壑疑無地山向招提別有峯暫以禪

心參聖酒旋教歌管答鳴鐘莫將昏黑催歸騎遶浦烟花夕更濃　少洲集

龍膺平坡廢寺詩當年曾駐蹕此地一登臺日繞琳宮麗雲承玉輦回古垣披薜荔斷碣翳莓苔壁倚千尋石池開萬刼灰松陰殘照下草色晚春催興廢嗟何及空山猨嘯哀　九芝集

下寶珠洞過龍王堂有獅雲庵　燕都遊覽志

自杏子口度小嶺折而西爲嘉禧寺松檜夾徑里許乃入寺門　游業

嘉禧寺門如城鐵葉釘乳入門道榆椰中地無日影里許別爲山門方丈特壯麗懸神宗御書聯筆法仿顏眞卿寺僧云初年筆也寺西二里金萬壽王冢一穹碑子

子田畔東三里有福田寺帝京景物畧

朱國祚嘉禧寺詩山墻圓作化人城榆栁陰濃信客行始信精盧風日好秋深猶綠牡丹坪介石齋集

凞一月經登嘉禧寺山樓作高樓切天浮古木森在下峰峰開金碧四十二蘭若芳林擁桃李怪石帖松櫝人語曠不喧啼鳥無冬夏對此懷巖畔局促何爲者帝京景物畧

聖水寺下臨澗泉閣後一松直而多蔭松後石窟夏月陰凉坐久毛髮盡竪旁有一石樓極高峻下指村莊爲福田嘉禧諸寺燕山紀遊

洪福寺松蘿俱古度念佛橋即寶珠洞也同上

日下舊聞卷二十三終

日下舊聞卷二十三補遺

郊坰五

由臥佛寺殿右側出小門西數十步有巨石突立高可三丈鑿石爲磴以上爲觀音堂前臨池右有泉有橋度橋爲隆教寺泉從寺前度溗泉行三里上嶺爲五華寺下嶺復循水行再登一嶺爲廣泉寺循故道下復上得圓通庵其右爲太和庵泉水源于此一方亭據其上傍泉多鳥椑文杏度泉有鳥道行三里許爲普濟廢寺寺前一嶺上有小圃中一石如鉢水冬夏不涸村民都取汲于此　山行雜紀

西山碧雲寺元之碧雲菴也耶律阿里吉所建明正德中內璫于經拓之爲寺而立冢域于後土人呼爲于公寺嘉靖初于下獄死天啓三年內璫魏忠賢重修亦立冢域其後崇禎初魏亦戮屍二璫皆立冢而皆不得其終豈名山有靈不爲奸豎藏魄耶　冬夜箋記

西山佛寺百數皆建自內官其最閎麗者曰碧雲寺因山下上築臺殿金碧露松栝之表其北內官墳墓數十鐫石爲闌窮極纖巧翁仲羊虎夾侍墓碑林列其文俱宰輔所製中立穹碑二具書總督東廠官旗魏忠賢爵秩蓋忠賢敗後其屍已戮其族已徙閹寺猶力護其類樹碑立冢然後知小人流禍未有酷于閹寺者也　竹垞文類

表忠寺俗名鮑家寺永感菴俗名新寺　青箱堂集

香山南爲門頭村村後爲萬安山山門上建白塔爲弘

敎禪林入門爲大神通塔院寺前爲平臺寛三四十丈有亭據其陽寺中殿宇亦高敞殿後有泉飛繞方丈而行下坡不半里有祠中列聖賢像祠前上石磴二十級卽中峯菴菴有方亭亦名來青軒中峯下有鮑中貴墓建有延壽菴門外二松合抱門內石級左右列松四株入門復分立四株上爲天王殿內爲佛殿兩廡十三楹承之兩廡外更多精舍石砌極工緻 山行雜紀

中峯下南過龍泉禪林爲靜妙菴亦名滕公寺蓋滕中貴墓也由紅闌板橋入門寺極藻飾方丈在左甚寛廣出門循大道而南度　惠寺慈應寺崇壽寺宣化寺俱荒陋而石塔嶙峋紺殿隱見于松柏蒼翠間又數里至萬佛閣過此卽杏子口道傍杏皆老幹多百餘年物絕

似金陵靈谷寺梅也 同上

西山楊家頂觀音庵庭有牡丹萬曆乙卯八月遇閏忽開一花定陵以八月生閏月宮中重慶萬壽節有中官聞之以白金六十兩與寺僧取其花進御定陵甚悅賜予累百金 寄園寄所寄錄

寶珠洞山右有龍泉菴龍廣寺再右接待寺下山西入谷有證果寺再右有清凉寺 山行雜紀

過承恩寺里許爲海藏寺徑傍多嘉樹四山駢羅寺若當玦口殿後方丈最高望盧溝橋車騎可數下寺門過橋澗道三分一通寺一通山後一通上普濟寺 同上

洪光寺東壑中有光裕寺 緱山集

平坡寺下山有靈光寺 同上

太行首于三危伏于河折北而尊爲恒山支巒複岡畢赴于燕秩秩然復纚屬以東數十百里入于海上土人以其西來號曰西山 淸容居士集

貢師泰游西山次周伯温韻巖鐐啓城鑰百辟聯珮紳斜漢在昴畢搖光正當寅華車出廣陌鼂采生熙春陰厓凍猶結陽谷景已新雲林白洶湧石磴青嶙峋先皇昔游幸顧瞻愴玆辰恍若鐵馬起空留玉衣陳鼎湖去雖遠元化同其神憑危撫高樹歷覽窮荒榛梵宇抗疏嶺飛閣騰遐津虛庭濟飈發白日無纖塵長楊十二衢甲第連居民清時治玆久天地涵深仁矧玆風氣完且復習俗淳耦耕雜畎畝獨釣當滸淪高仙去窈邈瑞氣留氤氳于焉契嘉晤頓覺煩抱伸謇予敬亭下清池翳修筠時時一瓢酒獨酌不計巡對此動歸思江海愁畸人 玩齋集

宣和手勅一通卷首題識四字英宗皇帝御書也帝以至治三年正月幸五華山有以此書獻者丞相拜住侍側就題以賜之 道園學古錄

丞相順寧忠烈王阿沙不花侍上于五華殿進寡嗜欲薄滋味之戒上嘉其忠忱命進酒王曰陛下旣納臣言不足取信也上爲罷酒 黄文獻公集

宛平王倚字輔臣中統初選良家子入侍東宮太保劉秉忠見而器之引以與選有詔皇太子裁決天下事拜正議大夫工部尚書改禮部尚書卒葬盧師山下 靜修集

元李魏公孟歐陽楚公元功俱葬宛平縣香山鄉石井村 黄圖雜志

西山水源頭其西水盡頭爾雅水醮曰厬是也有無名子題隣寺壁云雙流決決鳴石根失其一棄糠子此中應從玉泉出 青谿踏雪志

碧雲寺有小石幢本當時賣地券也演作韻語末云賣與中丞阿里吉吉作平聲蓊從國語讀古人游戲翰墨書券每作韻語如王褒僮約石崇奴券皆然戴良失父零丁亦用韻語又見汾州學宮門右有石嵌壁中乃金郝天挺募建文廟疏其文伏以之下書絶句一首即接以謹疏字此皆辨文體者所未及也 同上

昆明 謹按周憲王作元宮詞云獨木涼亭錫宴時年年巡幸孟秋歸紅粧小伎頻催酌醉倒花前阿剌吉張光弼塞上謠云妖姬二八貌如花留宿不問東西家醉來拍手趁人舞口中合唱阿剌剌皆以元國語叶韻未免近于塡詞然塡詞必準周伯清中原韻而吉字止作上聲讀剌字止作去聲讀無讀平聲者以中原韻作詩猶且不可况逸出中原韻之外乎以之入賣地券君子無譏焉矣

郝敬西山絶句西山三百寺十日徧經行歸與家人語山多不記名 山草堂集

陸深碧雲寺觀泉作堂辭曰玉前寺到碧峯下石幢揷堵波貝葉翻般若循除決清泉此境極瀟灑琤琮

金珮傳宛轉玉繩瀉緬懷川上心臨流歎不舍曾聞貂璫雄揮金事游冶高臺相掩映松篁雜梧檟似識舟壑安寧知蕉鹿假止觀等般鑒洗酌泛周斝 儼山集

元無名氏題祭星臺詩章宗曾爲祭星來鑿石誅茅築此臺野鳥未能隨鶴化山花猶自傍人開 順天府舊志

王惲雨後看山作西山盡日塵土面一雨曉來青沐容霽色最堪圖畫處白雲零亂點高峯 秋澗集

又題香山寺詩送客當年過玉泉醉中游賞得奇觀一泓湛碧浮僧鉢幾葉秋黃打石闌山色空濛金界濕松聲清泛海波寒吟鞭回首都門道斜日歸時翠滿鞍 同上

又陪張右相祭奠司徒忠懿公墓王城西北郊有山曰盧師岡遠見盤亙野曠欣平夷吾嘗以事來旋軫思遲遲有懷德育公攀附隨潛飛一朝際風雲振燿生光輝我初拜英表富貴非公誰內爲幽國助上爲兩宮知孰云恩澤侯以德中自持近侍足恭謹接物餘謙撝由家化而國在理乃所宜及夫司徒公衍慶尤熙熙再世保傅功大書見豐碑神龍襲九淵奮起須鱗鬐伊公漢大橫庚庚隱天機曆數既有在大器將安歸君王夙英武監撫非細微寶章猶傳璽啟沃貴知幾堂堂忠愛心畫此廟社規其報宜伊何子孫保無期倏忽三十載山丘兩巍巍生死固常事盛衰

有足疑昌黎銘殿監所以含餘凄我老自多感黃鳥聲正悲駐車不忍去日下山烟霏同上

徐中行感舊作自别燕臺白日徂華陽碣石總荒蕪獨留一片西山月猶照當年舊酒鑪天目山人集

郭第香山寺詩碧雲回首翠千重又聽香山寺裏鐘乳鵠不飛人寂寂女蘿垂葉挂長松明詩正聲

劉秉忠同宋義甫宿香山寺詩摩空削出碧芙蓉繚繞香山一帶峯野樹去年曾繫馬閒雲今日復從龍玉鈎三寸月沉水琴調數聲風入松清徹夢魂眠不得覺來那假曉樓鐘藏春詩集

寶珠洞當山之翠微處地稍坦迤是曰平坡入洞黝黑晝不見人旁出其上見若大蚌剖而倚石壁者始悟其中嵌空矣西山紀遊

日下舊聞卷二十四

郊坰六

景皇帝陵在金山口距西山不十里陵前坎窞樹多白楊及樗凡諸王公主夭殤者並葬金山口其地與景皇陵相屬又諸妃亦多葬此長安客話

祀典

景皇帝陵葬恭仁康定景皇帝貞惠安和景皇后嘉靖

景泰七年三月諡皇后杭氏曰肅孝皇后實錄

天順元年二月乙未朔廢景泰帝仍爲郕王歸西內皇太后制諭也戊戌命郕王所立皇太后吳氏仍號宣廟賢妃皇后汪氏復爲郕王妃懷獻太子見濟爲懷獻世子肅孝皇后杭氏及貴妃唐氏俱革其名號癸丑郕王薨葬祭禮如親王諡曰戾唐氏等妃嬪俱賜紅帛自盡以殉葬雙槐歲抄

成化十一年十二月戊子命復郕王帝號勅廷臣曰曩者朕叔郕王踐祚戡難保邦奠安宗社亦旣有年及寢疾臨薨之際姦臣貪功生事妄興讒搆請去帝號先帝尋知誣枉深懷悔恨以次抵姦于法不幸上賓未及舉正朕嗣承大業於茲一紀每思先儒有言祖父有欲爲之志而未爲子孫善繼其志而成就之此所謂孝閒以帝號之復質諸聖母皇太后亦云此先帝本意宜卽舉行朕祗服嗣訓敦念親親誕告在廷用成先志其郕王可仍舊皇帝之號所有尊諡禮部會議以聞仍令所司修飾陵寢壬辰文武羣臣英國公張懋等議曰仰惟郕

王早膺王爵奉藩京師當先帝北狩之秋寇逼南侵之日郊畿震動神器虛危乃承傳授之命于慈闈俯從擁戴之情于臣庶嗣登大位弘濟艱難抜擢賢才延攬羣策收旣潰之士卒却深入之軍鋒保固京城奠安宗社申嚴戰守之師再遣奉迎之使卒致也先悔過先帝回鑾尊養之禮有加讒間之言罔入始終八載全護兩宫仁恩覃被于寰區威武奮揚于海宇奈屬末年寢疾遽罹臣下姦謀巧肆讒間于臨危請削帝號于旣逝尚賴先皇之覺悟旋抵姦宄于誅夷雖舉正之未遑實貽謀之有待皇帝明高日月量廓乾坤孝道丕隆承先帝所欲爲之素志綸音涣布復景泰所已有之徽稱上慰在天之靈下協率土之議臣等謹攄聞見之蹟庸陳羣議

之公宜上尊謚曰恭仁康定景皇帝己亥命翰林院撰謚册遣撫寧侯朱永襄城侯李瑾定西侯蔣琬祭告天地宗廟社稷英國公張懋詣陵寢上尊謚册曰維成化十一年歲次乙未十二月丙子朔越二十四日姪嗣皇帝謹再拜稽首上言伏以功業之盛宜享乎徽稱孝愛之隆莫先于繼志叔父郕王比當多難之秋俯狥羣臣之請臨朝踐祚奮武揚兵却寇勢于方張致鑾輿之遄復奠安宗社輯寧邦家敬養備于奉尊惠化周于逮下偶因寢疾遂至彌留皇考應天順人復正大位眷惟同氣初無間言奈姦臣貪功妄生異議請去帝號退就王封賴皇考日月之明灼知誣枉抵姦于法擬復舊稱不幸上賓因而未果姪嗣守大業敦念親親間以帝號之

復請丁聖母伏承慈旨欣然允從是用祭合至公祗薦
鴻號貽叔父之盛烈副皇考之素心謹遣英國公張懋
奉冊寶上尊謚曰恭仁康定景皇帝神靈如在鑒是用
歆錫慶流芳永永無極謹告庚子太常寺奏景皇帝陵
寢舊祭用少牢遣內官行禮今既上尊謚其祭儀并遣
官請如長獻諸陵從之 憲宗實錄

景帝追復謚號始荊門州訓導高瑤初爲黎淳所駁辭
甚厲訖如瑤請亦公論之不容泯也 國史唯疑

世宗謁陵畢過金山特謁景帝陵廟初碧瓦命以黃瓦
易之 帝京景物畧

上諭尚書夏言景皇帝陵碑偏置門左非宜建亭于陵
門之外大門之內庶稱尊崇於是言請作亭葢覆報可
嘉靖祀典

仁宗諸妃俱陪葬獻陵惟三妃別葬金山宣宗諸妃俱
陪葬景陵惟一妃別葬金山睿皇后錢氏合葬裕陵諸
妃一葬綿山餘葬金山憲廟廢后吳氏墳葬金山 同上

皇子葬金山者懷獻世子悼恭太子哀冲太子越靖王
秀懷王蘄獻王滕懷王衞恭王許悼王忻穆王申懿王
雍靖王岐惠王涇簡王蔚悼王穎高王薊哀王戚懷王
均思王 同上

憲廟十三妃始同爲一墓嘉靖十三年以古世婦御妻
皆九宜九妃爲一墓同一享殿內作七室兩廂於是金
山預造五墓各九數以次葬焉 國朝典彙

金川門之變建文帝闔宮自焚實錄謂中使出其屍于

火中越七日備禮葬之遣官致祭而不言葬地所在或謂松陽王昺請葬以天子之禮成祖從之若瘞以天子豈有不爲置陵守冢掌之祠官乎是則備禮云者特史臣欺世之辭爾至于北京金山口景皇帝陵北相傳有天下大師之墓好事者實之以爲建文帝墳然訪之土人皆莫辨其處也遜國之事野史紛紜以思恩所獲僧楊應祥譌爲楊應能或又以太監吳誠譌爲吳亮且隱應祥之斃獄而云老佛取入西內又言瘞之西山不封不樹遂指不知何人之墓以爲帝墳轉相紀述亡而爲有毋乃爲有識者所笑乎又考應祥之獲在正統五年土官岑瑛執送總兵柳溥械至京師錮之錦衣衛獄是年太監吳誠坐征麓川失利弗救法司論辟雖得宥死

未必即給事宮中所傳老佛語誠伏地餂賜鵝肉誠拜而哭其事亦不足信崇禎中輦都尉永固請以建文帝入祀典思陵曰建文無陵從何處祭於是言者謂當祔西山不封不樹之訛而考尋成祖禮瘞之蹟是亦癡人說夢矣 兩京求舊錄

黑龍潭在金山口北依岡有龍王廟碧殿丹垣廟前爲潭輪四丈水二尺土人云有黑龍潛其中 帝京景物畧

宣德七年三月以久不雨遣順天府尹李庸祭大小青龍之神其文曰今春已暮農務方興而雨澤未降宿麥不滋朕爲生民主夙夜在懷特用祭告惟神明彰感通早霈甘澍以慰民望 實錄

正統九年夏四月雨澤愆期遣太師英國公張輔等告

于寺觀城隍及大小青龍之神曰朕憂念民艱靡遑寧處特遣祭告尚祈神化昭彰早降甘澍以慰民望 同上

萬曆初上謁陵還駐蹕潭上二十六年夏四月旱甚遣正一嗣教張真人國祥禱于龍祠雨澤如期加護國勅號碑勒之嗣是旱禱輒應凡立數碑 帝京景物畧

明神宗御製龍王廟碑畫眉山龍王廟在都城西一舍其地故有泉潭相傳以爲龍之所居即其旁爲廟祀龍王焉成化壬辰憲宗純皇帝禱雨有應新其廟而勒辭于豐碑萬曆十有三年春夏不雨麥稼焦枯以五月往禱于廟浹旬之間嘉澍屢霈郊野霑足三農忭舞爰出內帑金錢重增葺之爲之記而系以銘曰於赫龍王不顯其光上下帝旁嘘翕無方爲雷爲

霆爲雲爲雨有開必先靡求不與我求伊何黍稷稻粱爾與伊何千倉萬箱眉山之下龍王之宇迄用康年穀我士女 吉金貞石志

畫眉山在西堂村之北產石黑色浮質而膩理入金宮爲眉石山北十里有溫泉出焉 帝京景物畧

黑龍潭北十五里曰大覺寺宣德三年建寺故名靈泉宣宗易以今名數臨幸焉今圮矣金章宗西山八院寺其清水院也 同上

正統十一年三月命工部右侍郎王佑督工修大覺寺英宗實錄

王嘉謨從破寺入鸊鵜谷詩躋險穿蒙密樵風去路長杏花村店冷柳絮野橋香長嘯忘幽敘尋眞入渺

茫迷途問何處乘月有歸航 薊丘集

甕山西北越橫嶺白鹿巖在焉有白石如幢屹立嶺上微有字畫然薄蝕不可辨矣嶺外連峯不斷一峯最異白鹿巖也巖高數十丈嵌空欲墮中虛可旋兩車巖左一隙如牕檽下視深窅不知所際相傳遼時有仙人騎白鹿往來斯巖故名登巖頂矚萬壽山如豎掌指有古檜一株根出兩石相夾處盤旋橫繞倒挂于外大可百圍色赤如丹砂巖角有茅舍聞有西僧居之黃肩紅頰采草根和水以食語音不通見人嘻笑而已不知何年至此棲遲是山也 大江集

過金山口二十里一石山小峯屏簇如笥張籜峯之蕚者曰妙高峯峯下法雲寺寺有雙泉鳴于左右寺門內甃爲方塘殿倚石石根兩泉源出焉西泉出經茶竈繞中霤東泉出經香積厨繞外垣滙于方塘所謂香水已金章宗設八院游覽此其一院草際斷碑香水院三字尚存 帝京景物畧

法雲寺在西山後遠視惟一山近則山山相倚如笋包籜其根爲千年雨溜洗出石骨每山窮處即有小峯如筆格寺枕最高處近寺有雙泉鳴于左右過石梁歷級而上至寺門內有方池石橋間之水泠然沉碧雙泉交會處也上有銀杏二株大數十圍至三層殿後乃得泉源西泉出石罅間經茶堂兩廡繞霤而下東泉出後山經蔬圃入香積厨而下會于前之方塘是名香水也有樓登之可盼看諸山右有偃蓋松可蔭數畝故老云金

章宗游覽之所凡有八院此則香水院也 珂雪齋集

覺山在府西三十里懸崖之上與盧師平坡鼎峙西有三泉曰清冷曰清吉曰滌至 明一統志

覺山漢左馮翊韓延壽墓在焉五華雙泉翠峯仰山諸峯環之如屏 燕都游覽志

罕山志稱韓家山漢循吏韓延壽家焉罕韓音譌也俗呼黑山滙黑罕音又譌也山黃壤一平岡耳山陽二寺曰靈福曰延壽延壽者太監剛鐵墓前寺也鐵從長陵靖難把百斤鐵鎗好先登陷陣鎗今存寺中鐵本名炳長陵每呼以鐵遂名剛鐵墓無石表無翁仲惟石墩六偕云長陵賜鐵坐凡六故六墩也一碑無文字惟皇明司禮監太監剛炳之墓十一字鐵後凡掌司禮者祀寺左堂韓延壽墓在山之南磚甃阜高以丈非漢磚也志云有故碑剝落今碑復不存 帝京景物畧

景泰七年十月以故太監李德所建靈福寺并園地賜錦衣衛百戶李安爲香火院 實錄

雙泉山在府西四十里山有二泉故名東北二里許有黑龍灣 明一統志

垣墻山一名萬安山在薊縣西五十里山有鐵鼎其下有舊置冶處 太平寰宇記

翠峯山在府西五十里又名遮風嶺以山陰有嶺橫列如屏可以障風故名 明一統志

按一統志所云遮風嶺相其形勢度其道里當即寰宇記之垣墻山

桃花峪在府西四十里介乎翠峯遮風間中多花卉 明一統志

自南山磨石口登海會寺寺當山缺遠見盧溝橋在數十里外橋柱歷歷可數 長安可游記

從磨石口西過隆恩寺寺金大定四年秦越公主建名昊天寺正統四年太監王振修之改今名 帝京景物畧

隆恩寺一檜一松絶奇古殿後大士云是唐遺像又有修竹百竿一亭據之繞以流觴曲水 長安可游記

隆恩寺在海會寺南金大定中秦越公主捨殿中供器皆大内舊銅物也後有漆金佛三大士一云是唐時所造又有小軒蠟梅一株甚大江南亦不多得 燕都游覽志

分水嶺在府西四十五里山澗諸水至此分而爲二一入盧溝河一入房山縣界 同上

石徑山孤峯特立洞皆鑿石而成最上爲金閣寺有塔宜遠眺東南行至林衡署有古松數百株參錯平野間其地葢先朝果園也 燕山紀游

正德十二年五月上微行至石徑山經玉泉亭數日乃還石徑山寺朱寧所營建也窮極壯麗乃邀上幸焉 武宗實錄

萬曆中董常侍建元君廟棲羽士而石景山以著山上金閣寺可遠眺望萬曆戊子九月十六日駕還自壽宮駐蹕功德寺明日幸石景山觀渾河上先登板橋諸臣翼而趨中流顧問輔臣水從何來申時行對曰從大漠

經居庸下天津則朝宗于海矣上曰視此水則黄河可知因勅河臣亟修堤岸（帝京景物畧）

至元二年都水少監郭公言金時自燕京之西麻峪村分引盧溝一支東流穿西山而出是謂金口其水自金口以東燕京以北漑田若干頃兵興以來以大石塞之今若按視故迹使水通流上可以致西山之利下可以廣京畿之漕又言當於金口西預開減水口西南還大河令其深廣以防漲水突入之患上納其議（元名臣事畧）

至元三年鑿金口導盧溝水以漕西山木石（元史本紀）

大德六年四月修盧溝上流石徑山河隄（同上）

至正二年正月中書參議孛羅帖木兒都水傅佐建言

起自通州南高麗莊直至西山石峽鐵板開水古金口一百二十餘里創開新河一道深五丈廣二十丈放西山金口水東流至高麗莊合御河接引海運至大都城內輸納是時脫脫爲中書右丞相以其言奏而行之廷臣多言其不可而左丞許有壬言尤力脫脫排羣議不納務于必行有壬因條陳其利害畧曰大德二年渾河水發爲民害大都路都水監將金口下閉閘板五年間渾河水勢浩大郭太史恐衝没田薛二村南北二城又將金口已上河身用砂石雜土盡行堵閉至順元年因行都水監郭道壽言金口引水過京城至通州其利無窮工部官并河道提舉司大都路及合屬官員耆老等相視議擬水由二城中間窐磢又盧溝河自橋至合流

處自來未嘗有漁舟上下此乃不可行船之明驗也凡通州去京城四十里盧溝止二十里此時若可行船當時何不于盧溝立馬頭百事近便却于四十里外通州爲之又西山水勢高峻亡金時在都城之北流入郊野縱有衝決爲害亦輕今則在都城西南與昔不同此水性本湍急若加以夏秋霖潦漲溢則不敢必其無虞宗廟社稷之所在豈容僥倖於萬一若一時成功亦不能保其永無衝決之患且亡金時此河未必通行今所有河道遺迹安知非作而復輟之地乎又地形高下不同若不作閘必致走水淺澁若作閘以節之則沙泥渾濁必致淤塞每年每月專人挑洗蓋無窮盡之時也且郭太史初作通惠河時何不用此水而遠取白浮之水引

入都城以供閘壩之用蓋白浮之水澄清而此水渾濁不可用也丞相不從遂以正月興工至四月功畢起閘放金口水流湍勢急沙泥壅塞船不可行而開挑之際毁民廬舍墳塋夫丁死傷甚衆又費用不貲卒以無功繼而御史糾劾建言者孛羅帖木兒傅佐俱伏誅 元史河渠志

盧水在帝京西南其北有村曰青菰入谷一里有何將軍别業 薊丘集

金水村去帝京西南三十里涑河泛濫夾岍白沙如雪早春芳碧羅生照映大防諸山實異境也 同上

㶟水即桑乾河至馬陘山爲落馬河出山謂之清泉河亦曰于泉至雍奴入笥溝謂之合口 隋圖經

濕水出鴈門陰館縣東北過代郡桑乾縣南又東過涿鹿縣北又東南出山過廣陽薊縣北 水經注

桑乾泉即溹涫水也其水潛承太源汾陽縣北燕京山之大池古老相傳有人乘車于池側忽遇大風飄之於水有人獲其輪于桑乾泉故知二水潛流通注矣桑乾水自源東南流右會馬邑川水東南流合濕水桑乾水濕水並受通稱矣 同上

大業七年征高麗煬帝遣諸將於薊城南桑乾河上築社稷二壇帝齋于臨朔宮懷荒殿 通典

裴行方檢校幽州都督引盧溝水廣開稻田數千頃百姓賴以豐給 冊府元龜

過盧溝河伴使云恐乘橋危以車渡極安而速濟不曉

其法 使遼錄

盧溝河水極湍激每候水淺深置小橋以渡歲以為常近年於此河兩岸造浮梁建龍祠彷彿如黎陽三山制度 許奉使行程錄

盧溝河亦謂黑水河河色最濁其急如箭 北轅錄

盧溝去燕山三十五里宋敏求謂之蘆菰河即桑乾河也 石湖集

大定十年議決盧溝以通京師漕運上忻然曰如此則諸路之物可徑達京師利孰大焉命計之當役千里內民夫上命免被災之地以百官從人助役已而敕宰臣曰山東歲饑工役興則妨農作能無怨乎開河本欲利民而反取怨不可其姑罷之十一年十二月省臣奏復

開之自金口疏導至京城北入壕而東至通州之北入潞水計工可八十日十二年三月上令人覆按還奏止可五十日上召宰臣責曰所餘三十日徒妨農費工卿等何爲慮不及此及渠成以地勢高峻水性渾濁峻則奔流善崩濁則淤淖成淺不能勝舟其後上謂宰臣曰分盧溝爲漕渠竟未見功若果能行南路諸貨皆至京師矣平章政事駙馬元忠曰請求識河道者按視其地竟不能行而罷 金史河渠志

大定十九年有司言盧溝河水勢泛決齧民田乞官爲封冊神號禮官以祀典不載難之已而特封安平侯建廟二十七年奉旨每歲委本縣長官春秋致祭如令 金史禮志

初盧溝河決久不能塞加封安平侯久之水復故道上曰鬼神雖不可窺測即獲感應如此徒單克寧奏曰神之所佑者正也人事乖則勿享矣報應之來皆由人事上曰卿言是也世宗頗信神仙浮圖之事故克寧及之 金史本傳

二十五年五月盧溝決于上陽村 世宗紀作二十六年 先是決顯通寨詔發中都三百里內民夫塞之至是復決朝廷恐枉費工物遂令且勿治二十八年五月詔盧溝河使旅往來之津要令建石橋未行而世宗崩大定二十九年六月章宗以涉者病河流湍急詔命造舟既而更命建石橋明昌三年三月成勅命名曰廣利有司謂車駕之所經行使客商旅之要路請官建東西廊令

人居之上曰何必然民間自應爲爾左丞守貞言但恐爲豪右所占況罔利之人多止東岸若官築則東西兩岸俱稱亦便于觀望也遂從之 金史河渠志

盧溝河其源出于代地名曰小黄河以流濁故也自奉聖州界流入宛平縣境至都城四十里東麻谷分爲二派 元史河渠志

元太祖將兵南下中都降王檝進議田野久荒而兵後無牛宜差官盧溝橋索軍回所驅牛十取其一以給農民用其說得數千頭分給近縣民大悅復業者衆 元史本傳

忒没眞之墓在盧溝河之側山水環繞揷矢以爲垣邏騎以爲衛闊蹄三十里相傳忒没眞生於此故死葬于

此 黑韃事畧

至元十六年五月進封桑乾河洪濟公爲顯應洪濟公 元史世祖紀

延祐四年盧溝橋澤畔店琉璃河並置廵檢司 元史百官志

至正十四年四月造過街塔于盧溝橋 元史順帝紀

明洪熙元年七月水決盧溝橋東狼窩口岸一百餘丈命行後軍都督府行部發軍民修築 仁宗實錄

宣德三年六月渾河水溢衝決盧溝河堤百餘丈行在工部奏聞上命併力用工二月修盧溝橋夌水所決河口四年四月命侍郎羅汝敬往督九年六月水決渾河東岸自狼窩口至小屯廠行在工部請修治從之命都

督鄭銘董其役 宣宗實錄

正統元年七月命行在工部左侍郎李庸修狼窩口等處隄二年二月李庸請建龍神廟于隄上且令宛平縣復民二十戶自石徑山至盧溝橋往來巡視從之四年六月小屯廠西隄決詔發附近丁夫修築七年十一月築渾河口九年三月修盧溝橋 英宗實錄

成化七年二月撥官軍五千以少監高通都督鮑政工部侍郎李顒修築盧溝橋隄岸 憲宗實錄

弘治三年五月修築盧溝橋成內官監太監李興乞陞文思院副使潘俊等官吏部尚書王恕謂官匠營造乃其職分自成化初年以前修河築隄並無陞官事例比者營先帝山陵所役軍匠至四萬人亦未有陞職者此役較之山陵不及三之一顧欲妄濫陞官甚失輕重之序上從其言命給賞有差 孝宗實錄

嘉靖四十一年八月盧溝西南隄壞命工部尚書雷禮往視禮還上修築事宜謂盧溝橋東南有大河從麗國莊入直沽下海沙泥淤塞十餘里稍東有岔河從固安入直沽下海地勢稍高宜先疏濬大河令水歸故道然後繕築長堤其次口地里土浮水深流急人力難施而西岸有故堤約長八百丈宜按遺址繕築仍委幹局官九人分為九區幷力責成又言橋東西岸甃石不堅當俟決隄工完之日加工繕治報可 世宗實錄

盧溝河發於太原之天池伏流至朔州馬邑從雷山之陽發為渾泉而為桑乾河雁門雲中諸水皆會焉過懷

來行兩山間拘束齟齬不得肆至京城西四十里石徑山之東地勢平而土脈踈衝激震蕩遷徙弗常永樂正統間狠窩口大決爲京師患屢嘗修築弘治二年發軍民夫治之至嘉靖三十年以後東岸隄決幾二十處於是以三十五年興工次年橋工告成是河安流者數歲四十一年西南又決復行修理隄岸始堅 水部備考

盧溝河出太原天池伏流至朔州馬邑從雷山陽湧爲金龍池迤邐東下曰桑乾河雁門雲中諸水皆會由大同古定橋抵宣府保安州過懷來行兩山間至京城西四十里石徑山之東地平土踈衝激遷徙不常至看丹口分爲二一東流至通州高麗莊入白河是爲渾河一南流至霸州合易水又南至丁字沽入運河 吳文恪公集

桑乾水發源于渾源州經保安之境則自懷來夾山而下至盧溝橋狠窩地方衝溢爲患漫至彰義門先朝屢經修築爲費不貲今保安境上聞有用土牛逼水成田者若督責有人多方招募使桑乾上流皆引水成田則豈惟保安之田恃以無患而懷來以下水患亦殺矣 潞水客譚

盧溝本桑乾河俗曰渾河在都城西南四十里有石橋橫跨二百餘步橋上兩傍皆石欄雕刻石獅形狀奇巧金明昌間所造兩崖多旅舍以其密邇京師驛通四海行人使客往來絡繹踈星曉月曙景蒼然亦一奇也 戴司成集

盧溝而下舟楫時有之盧溝而上直達宣府之保安州故元運道也自大同縣古定橋起至盧溝橋務里村止約八百餘里內可以舟行者七百二十七里驢䭾般運者八十八里 水部備考

盧溝河在府南四十里即桑乾河也亦名渾河府西百里有清水河流逕大臺村又西北百餘里有小溪流逕青口村俱入之其上爲百花陀十八盤青山摘星諸嶺嵓谷幽邃直聳雲霄人騎罕通僅容一綫 名勝志

盧溝橋金明昌初建正統間重修長二百餘步左右石欄刻獅子數百枚情態各異 長安客話

蘇軾詩曰北渡桑乾氷欲結心畏穹廬三尺雪南渡桑乾風始和氷開易木應生波蓋桑乾下流爲盧溝以其

濁故呼渾河以其黑故呼盧溝燕人以黑爲盧水本一也 燕都游覽志

嘉靖十年命工部郎中陸時雍修盧溝河以支流導入于海三十四年命修盧溝河從栁林通鷄鵝房導入大河四十一年命工部尚書雷禮修盧溝河先濬大河令岔河水歸故道從麗莊園入直沽下海凡三易治而世宗朝盧溝無患也 皇都水利考

盧溝曉月爲畿輔八景之一崇禎三年後風景蕭條議者謂此畿輔咽喉宜設兵防守又須築城以衛兵於是當橋之北規里許爲斗城局制雖小而崇墉百雉儼若雄關城名拱北二門南曰永昌北曰順治剏于崇禎丁丑特設叅將控制之 破夢閒譚

盧溝河畔元有苻氏雅集亭蕭道源詩盧溝石橋天下雄正當京師往來衝苻家介側敞亭搆坐對奇趣供醇醲又有野亭見貢仲章雲林詩集今一望礓礫并民居亦寥寥也 辛齋詩話

范成大盧溝作草草輿梁枕水低匆匆小駐濯漣漪河邊服匿多生口長記軺車放雁時 石湖集

趙秉文盧溝詩河分橋柱如瓜蔓路入都門似犬牙落日盧溝溝上柳送人幾度出京華 滏水集

劉迎摧車行渾河洶湧從西來黃流正觸山之崖山崖路窄僅容過小誤往往車輪摧輪摧料理動半日後人欲過何艱澀深山日暮人已希食物有錢無處覓何時眞宰遣六丁鏟此疊嶂如掌平憧憧車馬山

西路萬古行人易來去 山林長語

楊奐詩燕姬歌處轉鶯喉燕酒春來滑似油自有五陵年少在平明騎馬過盧溝 還山遺藁

陳孚盧溝曉月詩長橋彎彎眠海鯨河水不濺冰崢嶸遠雞數聲燈火杳殘蟾猶映長庚橫道上征車鐸聲急霜花如錢馬鬣濕忽驚沙際金影搖白鷗飛下黃蘆立 觀光集

盧亘盧溝即事詩幽薊忽如九天上俯視左右入燕齊萬里南來太行遠蒼龍北峙飛雲低岡廻門掩花柳晴川平百里風烟迷丈夫出門自有樂人生何必長棲棲 皐元風雅

貢奎盧溝野亭詩出郭野塵絕青山開畫圖廻岡萬

井聚虹梁薦川涂沓沓車駕集交臂無寧軀綮此一亂宮而有靜者居花木明窈深魚鳥樂澄虛濁醪得釀法好客時與俱昔我東南來萬里馬力瘏解鞍道傍樹塵渴嘗自沽題詩忽在眼日暮飛雲孤 雲林集

袁桷題盧溝烟雨圖作驅馬上河梁圓暈新雨紋矯首層闕巍翔鸞散奇氛猗南雙松樹百里風聲聞束髮入紫京去住心如焚送客酾我觴我酾不得醺願化為黃鶴朝夕隨飛雲上以奉明主中以承嚴君徃復三千年奇齡合氤氳結袂安期子啟齒歌瓊文 清容居士集

陳高盧溝曉月圖詩盧溝橋西車馬多山頭白日照清波穹廬亦有江南婦愁聽金人出塞歌 陳子上存稿

胡儼過瀘溝辭洪流兮桑乾汩盤折兮漯灣架石梁兮横波瀨淺兮激湍白石兮齒齒際平沙兮浩漫攬予轡兮東馳望天門兮九關雲飛飛兮來迎水泠泠兮山青回飈兮遠度木蔓蔓兮禽聲予欲訊兮九河碣石逝兮嗟我渺滄海兮無極悵臨風兮浩歌 胡祭酒集

趙寬題盧溝曉月圖詩銀河半落長庚明城高萬戶皆雞聲長橋臥波鰲背聳上有車馬蕭蕭行蒼煙淡接平蕪迥沙際朦朧見人影舉頭一望天宇高殘月蒼蒼在西嶺 半江集

黃佐曉發盧溝望京城詩大車殷地揚塵起小車軋

軋鳴不已蒼凉似是長安日鳴咽元非隴頭水玉輦南行築將臺九重宮闕何崔嵬盧溝橋上闌干曲不似行人腸九廻 泰泉集

喬世寧盧溝橋詩立馬重含愁況臨溝水流風沙日暮起何處望京樓 丘隅集

吳國倫盧溝橋詩廻車薊北門飲馬桑乾水宛宛青龍橋頹波逝如駛矯首望帝居宮殿錯如綺飄風忽西至黃沙蔽天起不見郭生臺歎息張華里喧喧行路人日昃去未已顧我志已荼徘徊在河涘 甔甀洞藁

錢薇盧溝橋西村庄作盧溝橋西開隱扉方塘曲檻故依依帝城遥望雲龍護高館閒隨野鹿歸落日遠

山明斷塔暮煙衰柳帶餘暉清谿小艇堪忘世忽憶江南舊釣磯 承啟堂稿

嵇元夫立秋日盧溝送新鄭少師詩單車去國路悠悠絲樹鳴蟬又早秋燕市傷心供帳薄鳳城回首暮雲浮徒聞後騎宜乘傳不見羣公疏請留三載布衣門下客送君垂淚過盧溝 白鶴園集

顧起元盧溝橋詩西山籠霧曉蒼蒼一綫桑乾萬里長最是征夫望鄉處盧溝橋上月如霜 嬾眞草堂集

唐時升盧溝橋詩回憶西郊送客亭官橋殘月酒初醒桑乾河畔千絲柳直待行人去後青 三易齋集

范成大九日過盧溝水調歌頭詞萬里漢家使雙節照清秋舊京行遍中夜呼渡濟黃流寥落桑榆西北

無限太行紫翠相伴過盧溝歲晩客多病風露冷貂裘對重九須爛醉莫牽愁黃花爲我一笑不管鬢霜羞袖裏天書咫尺眼底關河百二歌罷此生浮惟有平安信隨雁到南州 石湖樂府

張埜過盧溝滿江紅詞半世乾忙漫走遍燕南燕北凡幾度馬蹄平踏臥虹千尺眼底關河仍似舊鬢邊歲月還非昔凭闌干唯有石狻猊曾相識橋下水東流急橋上客紛如織把英雄老盡有誰知得金斗未懸蘇子印綠苔空漬相如筆又平明衝雨入京門情何極 古山樂府

鮮于必仁折桂令曲出都門鞭影搖紅山色空濛林影玲瓏橋俯危波車通遠塞欄倚長空起宿靄千尋臥龍掣流雲萬丈垂虹路杳踈鐘似蟻行人如步蟾宮 樂府羣珠

袁煒重修盧溝河隄記畧盧溝襟帶都城之西頃年沙洲突起下流填閼水失故道潰隄決衢走西南百餘里事聞遣工部尚書雷禮暨掌工部尚書徐杲相度規畫條上事宜上發帑銀三萬五千勅太監張崇侍郎吕光洵指揮同知張鐸御史雷稽古董其役仍令禮月一往視經始於嘉靖壬戌秋九月報成于癸亥夏四月凡爲隄延袤一千二百丈高一丈有奇廣倍之較昔修築堅固什伯矣於是臣禮請立石紀其事乃命臣煒爲之記 袁文榮公集

天啟元年十二月御史李日宣議于都門抵良鄉界五

十里如長店大井柳巷五里店太平堝等處每五里築墩堡宿兵十名遇有竊發協力出救又盧溝橋至趙村十里趙村至良鄉二十里僅有盧溝橋廵檢弓兵二十人難以策應宜一體設備以遏亂源得旨即行 熹宗實錄

滴水巖在萬山中出磨石口至三家邨渾河倒映崖壁峭絕皆作丹黃青碧色河流其下逕紆其上度十餘里入軍庄一峯側出而腹藏洞者爲建陽洞捨河行棗園越仰山嶺亂山擁塞幾不得路循山趾行夾壁中有邨臨谷口爲桃源邨邨前孤峯矗立中有洞昔人避兵處也復沿澗過仰山邨山多梨樹秋深紅葉如燒折而西上黃牛岡口逕愈仄壁愈狹峯愈變轉十八疊有垣而

堊屋而丹是謂滴水巖矣懸崖千仞巖洞皆削成無縫泉布石面大珠小珠遊移如屋漏然旁有穴燃炬以入廣可三十餘丈洞中石乳爲蓮花垂爲象鼻右一石牀幕以石龍見其上中石坳開其實側身螺旋而下水光所射幾滅炬再入則潭深莫測矣從巖側取逕而上杖屨鏗然山石骨而中虛俯巖背視巖猶谷底二十里至北頂連岡伏嶺勢反平坦可望居庸諸塞歸從仰山寺金大定中棲隱寺也 燕山紀游

三家村盡出渾河崖八里過軍莊外臨陡崖内倚絶壁以兩手捫石而度抵棗園背河入山度仰嶺十八盤有村名桃源過此皆流泉峭壁遍開野菊金鈴聚花如織紺澄潭紫石了了見底左右度澗行至陳莊鳴泉出戸

下兩旁高峯夾之雞犬石門眞一洞經又背泉入山路僅一綫上黃牛岡口益險臨自此而登左萬丈溪右千仞壁徑斷處架以棧過張公洞即滴水巖矣 長安可游記

從滴水巖至大雲寺山最高是西山萬峯之嶺也 燕山紀游

大定二十年正月勑建仰山棲隱禪寺命元冥顗公開山賜田設會度僧萬人 續文獻通考

仰山峯巒拱秀中頂如蓮花心旁有五峯曰獨秀翠微紫蓋妙高紫微中多禪刹以在西山外更西四十餘里故人迹罕到金章宗嘗遊焉有詩曰金色界中兠率景碧蓮花裏梵王宮鶴驚淸露三更月虎嘯踈林萬壑風

今石刻尙存 長安客話

仰嶠叢林爲燕京之最泰和中主事僧奏請萬松老人住持上許之萬松忻然奉詔其後章廟秋獮于山主事輩白師故事車駕巡幸本寺必進珍玩不爾則有司必有詰問師曰富有四海貴爲一人豈需吾曹珍貨哉手錄偈一章有成湯狩野恢天網呂尙漁磯浸月鉤之句請行宮進之大蒙稱賞翼日章廟入山行香屢垂顧問仍御書詩一章遣之車駕還宮遣使賜錢二百萬使者傳勑命師跪聽師曰出家兒安有此例竟焚香立聽詔旨 湛然居士集

下黃牛岡口取仰山道轉一岡爲南莊復歷峻坂土中有三斷石讀之乃知爲大興府西連山棲隱寺金大定

初建有五峯八亭章宗屢游之常題詩刻石今亡矣惟二碾藥鐵輪尚存又有學士劉定之記絕頂曰蓮花峯有舍利塔右一峯爲筆架峯八亭惟列宿招凉可記餘俱未雅馴 長安可游記

趙孟頫仰山棲隱寺滿禪師道行碑記畧曰師名行滿字萬山俗姓曾氏其先出東魯曾子後祖仕江右遂爲太和人至元庚辰至仰山有會心處遂留薙髮禮澤菴爲師更今名又叅學四方雲門臨濟皆得其髓大德癸卯仰山學者請師歸舊隱聲聞大振梵僧宣政使相迦失里功德使大司徒亶吃刺思相慕爲道友武宗在北邊下令施鈔萬貫造文殊菩薩像思幸其寺施金百兩銀五百兩鈔六萬貫賜號佛慧鏡

智普照大禪師勑尚方造織成金龍錦緣僧伽大衣窮工極巧經歲乃成命有司作尊勝塔於東嶺及建明遠觀光二亭以備臨幸蓋棲隱寺始建於遼至師爲二十六代云銘曰峩峩仰山如青蓮華中有寶坊古佛之家天王衛門地神扶棟叅差珠閣崴嶷金鳳鬱鬱青松羅蒼玉林清風過之振海潮音住此山中有大禪老宴處寂靜萬緣皆了師以佛心爲國回嚮徧恒河沙功德無量 松雪齋集

北京仰山寺有姚少師畫像自贊其上云這箇禿厮忒無仁聞名垂千古不值半文 郊亭詩話

吳寬仰山寺觀姚少師像詩城裏僧廬揭仰山姚公於此昔投閒顧瞻圖畫長廊外拂拭塵埃破壁間困

虎封侯頭可相眞龍識主手親攀朱衣玉帶官師貴最愛跏趺靜掩關 鮑翁家藏集

盧溝橋西北三十里爲灰廠出灰廠入山兩壁夾徑行百折徑盡始見山門有高閣在山中央可望渾河葢山麓至中板橋僅十餘里爾閣後有軒庋巖上折而右即戒壇壇在殿內甃石爲之中有高座爲每年說戒之地周圍皆列戒神四月八日游僧畢集聽戒壇創自隋唐間國朝重建遼金時所植松具在 長安客話

戒壇入山二十餘里始見山門壇在殿內閣前古松四株羣枝穿結覆蓋一院 瀟碧堂集

登獅子巖凡十八轉始及戒壇壇爲景皇帝區畫地賜山即鵝頭法師名道孚者 墨響齋集

戒壇在西山最深處渡渾河西行可二十里兩崖中通一徑丹林黃葉與青巒碧澗錯出如繡遠望西北一峯如靈壁石以爲戒壇必在其下過永慶菴呼山僧問之曰極樂峯也西行不五里石闌丹壁已至寺門寺峯自唐武德中舊名慧聚至明正統乃易名萬壽殿墀四松離奇夭矯皆數百年物折而北一坊西向額曰選佛場殿宇宏麗闌楯參差壇在殿中以白石爲之凡三級周遭皆列戒神出壇而南至波離殿殿前遼金碑各一皆波離尊者行實也有太古洞最勝列炬而入百乳千螺俱成佛像不知其深幾里也 燕都游覽志

過永慶菴一里爲萬壽戒壇正統中如幻律師說戒于此殿外金遼碑各一上千佛閣俯渾河正曲句其三面

如玦然閣之下幻師安禪處其遺衣鉢藏焉西上石徑上極樂峯道也觀音洞洞大于室化陽洞洞口垂藤幙之秉炬入如智井半里有龍躍有魚游有獅坐石乳所凝也再入有石佛危坐西鐏一穴窴窴然下與渾河通洞一名龎涓洞又有洞名孫臏者在此洞西其廣二十笏一石龜伏焉二子師鬼谷在扶風然臏故燕人房山上樂村有孫臏墓碑誌存焉以二洞故指山下枯澗爲馬陵川是山適名馬鞍謬也西又五里至極樂峯峯下亦有洞石乳痕滴終歲人無至者 帝京景物畧

巖嵩九日登戒壇寺閣詩梵閣千峯裏征驂九日來松蘿禪逕入龍象法筵開黃菊寧簪帽青蓮獨上臺如堪授眞戒吾此息氛埃塵跡何因到名山不易逢

谷深微辨徑寺進始聞鐘古樹寒飈急幽軒夕翠濃菊觴違雅集相憶在高峯 鈐山堂集

公鼐游西山戒壇詩梵宇臨芳甸層臺接太虛九州旋遶地萬仞廣巖居山鳥伽陵喚巖花薝蔔舒大千歸壘點兀坐正愁予 問次齋稿

黃輝望戒壇詩坐月松枝暖春風記昔游露尊調白鳳雪曲醉蒼虬古洞花難發孤琴水漫流惟餘西嶺色猶向茂陵秋 愼軒集

馬鞍山龎涓洞兩壁皆石乳瀝成物狀有如繪畫旁扃一石門啟門以火燭之有石如龍沙擁爲洲一井絕深投以瓦礫不知所止相傳井與渾河通有人投一犬井中驗之果從渾河流出 長安客話

自戒壇至西峯寺山門有泉最洌 問次齋稿

潭柘寺晉曰嘉福寺唐曰龍泉寺舊志謂有柘千章今無矣燕人諺曰先有潭柘後有幽州此寺之最古者也 春明夢餘錄

潭柘寺相傳寺趾本青龍潭上有柘樹祖師開山青龍避去潭平爲寺今殿壁猶是遼金前所繪 問次齋稿

西山潭柘寺殿中二蛇長五尺餘名大青二青藏紅篋中篋標護法龍王蛇無定止或自逸野中鳴鐘則至恒自篋穿鑪足交蟠供桌上 耳譚

潭柘以一培塿當羣山心九峯扆而立焉兩殿鴟工絶金元時故物也 緱山集

潭柘寺去都西北九十里徑羅睺嶺行蒙棘中賴山四合里許一山開九峯列見寺雙鴟吻今佛殿基故潭也

華嚴師時潭龍聽法一夕大風雨潭則平地兩鴟吻涌出今殿角鴟也柘今已枯長不盈丈寺有青蛇大如盌長五尺僧能馴擾之呼曰龍子元妙嚴公主持觀音文禮大士拜痕入磚額手足五體皆印歲久磚壞兩足痕存萬曆壬辰孝定太后匣取入覽後遂匣藏之紫栢係以贊像四林立大士前左前元世祖右前其后左次其子右次妙嚴也妙嚴祝髮于是塔是山之下寺碑六金碑二明昌五年僧重玉詩大定十三年楊節度記元碑二至正八年葛天麟記至正某年危素記明碑三正統某年胡濙記弘治十年謝遷記萬曆中紫栢送龍子歸潭文也寺晉梁唐宋代有尊宿而唐華嚴爲著元至正

間順帝賜雪硼酒皇妹致膳明永樂間則姚少師道衍萬曆間則達觀大師眞可寺先名嘉福後名龍泉獨潭柘名傳久不衰 帝京景物畧

潭柘寺有元妙嚴公主拜甎雙趺隱然幾透磚背相傳妙嚴爲元世祖女削髮居此日禮觀音不輟遂留此跡萬曆壬辰孝定皇太后欲經懿覽貯以花梨木匣迎入大内後復送歸寺 紫栢禪師語錄

潭柘寺東有泉出石罅中黃葉白雲繚繞其上踈其滯葉泉響益琤琤不絕 長安可游記

潭柘山環山無柘惟殿左有枯株久仆云是龍淵遺蹟寺碑胡尚書濙文夏太常㫤書也寺肇于唐重飭于金大定間元燬于兵國朝宣德初更拓賜名龍泉寺 游業

金釋重玉從顯宗皇帝幸龍泉寺應制詩一林黃葉萬山秋鑾仗叅陪結勝游怪石斕斒蹲玉虎老松蟠屈卧蒼虬俯臨絕壑安禪室迅落危崖瀉瀑流可笑紅塵奔走者幾人於此暫心休 吉金貞石志

郭武潭柘寺詩潭柘山高處金銀佛寺遙斷崖吹石雨虛閣倚煙霄結社還攜酒臨溪欲棄瓢白頭僧自老相對說前朝 聯珠集

公鼐潭柘南村作芙蓉村下綠溪環刳木通流亂石間十里濃烟松不斷隔林鐘磬落前山 問次齋稿

雀兒菴在潭柘後山五里金章宗幸此彈雀彈發不虛章宗喜卽行幄爲菴曰雀兒後方僧來住以臆造佛母孔雀明王佛像遂更孔雀菴然人呼雀兒菴如初 帝京

宛平縣西百二十里王平口四圍皆山中有平原可數十畝地暖饒藥草花木春夏之間紅紫爛熳香氣馝馞金章宗常游之所甃石牀尚存 燕山叢錄

府西一百二十里由王平口過大漢嶺抵沿河口元女廟是百花山足也 帝京景物畧

由門頭村登山數里至潘闌廟三里上天橋從石門進二里至孟家衚衕民皆市石炭爲生三里至流水壺泉自石罅分流灌園扳磴三里至官廳路凡十七折至風口巖兩山踞立如門有菴房數間徑十字道踰磴數里折而下爲王平口山坳多核桃樹石壁峭削如碧玉又數里至齋石臺路亦峻又數里至板橋村庄多以石版

覆屋至千軍臺四山空翠欲濕衣裾出谷二里許爲王老菴石澗淙淙有聲十五折見高松如蓋出天際乃大漢嶺也踰嶺有大士殿松下石碑字俱蝕不可辨盤曲而下數里至泥窩三里上楊家臺徑頗平又里許下坡入山谷有澗水浸山根石皆赤亦有碧者從亂石徑中行二里出谷爲軍下村溪澗十丈餘平沙細石流水分兩村下引入地畦再北有石廟自廟涉澗則西河村也又二里爲龍王廟相近有守禦城出小西門元女廟在焉 長安可游記

王平口正城一道上四口俱弘治年建 四鎮三關志

渡石澗上馬闌山折旋左右至法幢菴五里可容騎又五里籬徑坦然矣妙菴也 帝京景物畧

出沿河守禦城西門渡石澗進馬闌山曲折上坂石了
磊磊難步陟至法幢菴又五里至馬闌村登三大士閣
一松高十丈餘歷磴而上三里許䂬峯壁立又二里坂
躋叢木中再上見籬徑石垣乃妙菴也中設大士像 長
安可游記

嶺西行數里千佛山又數里觀音山山舊有菩提樹仙
人橋望海石下嶺復上嶺者數迎前壁立者鶴子山也
帝京景物畧

自妙菴從嶺西折路甚狹數里上千佛山一名黒風山
又數里爲觀音山再上爲大悲厓旁有仙人橋菩提樹
樹巳遭伐矣又上爲望海石欹嵌巉削踰嶺凡七見有
石壁峭立爲鶴子山路更險仄達千佛巖怪石攢簇多

似人形坐視觀音山如在懷抱間 長安可游記

度閻王嶆行百花中一里進籬門石洞禮文殊法身塔
登菩薩頂是百花山頂也 帝京景物畧

宛平縣西二百里有百花山特多花卉有不可名者薊
中不產蛇獨此山有七寸蛇至毒被螫者不救 燕山叢
錄

鶴子山三里餘過閻王嶆始躡百花山腰西北兩山秀
甚云東西二靈山也西北爲小五臺山花多目所未覩
紅黃紫翠不可名狀一色者跗蕚各殊有名天花者尤
嬌艶可愛行里許忽聞鐘聲前進入籬門過石洞殿上
設文殊金像高一丈三尺有塔云是法身塔上菩薩頂
峯三以小石更累成尖風吹不去有登者老僧必勸累

之云種佛因也 長安可游記

下菩薩頂又入百花中東龍王頹廟北大士殿下千佛巖花被逕八里多于前過白水菴行泉聲二里一松標瑞雲寺寺卽五代時李克用建亭故處俗曰百家寺也寺有摩訶祖師法身有摩訶煑石鐺宣宗曾取視賜以龍袱歸寺有摩訶摔龍石龍逸祖師追摔之今龍迹宛在石也 帝京景物畧

下坡之半山花較初登爲多折而西爲龍王廟廟已圮惟殿僅存五龍王分列中供龍母北折爲大士殿下厓取道瑞雲寺約八里至白水菴山名菩薩巖又行里許有巨石當路界于澗中遠見一松映對卽瑞雲寺也俗呼百家寺入禮摩訶祖師山僧出摩訶鍋相示黑潤如

古銅鐺僧言曾三入大內供養出寺度小橋下菩薩厓二里爲曹村又數里至史家營煑沙之人皆聚于北 長安可游記

菩薩崖在府西北一百二十里山畔有三石佛像 明一統志

宛平縣史家營太山有石如臼相傳昔有仙人居此臼中每日產米隨寺衆多少取給不乏後有僧厭其險峻鑿石穴通之穴成而米絕 燕山叢錄

從史家營緣石澗而上甚危險巨石巉峻仰視欲墜云卽燕山石塘以山頂泉出其下故名踰二大嶺路始平廣又數里爲山神廟上數武卽妙菴也 長安可游記

宛平西黑雲山有兩穴扣之聲若鼓掩其一則無聲 燕

薊縣笄頭山有溫泉治百病 太平寰宇記

西湖山在府西一百里下有溪潭 明一統志

青山嶺在府西一百五十里山四面高聳中坦平多產三七諸藥 同上

百望山南阻西湖北通燕平背而去者百里猶見其峯故曰百望 長安客話

百望山之陽有祠焉高十五丈登之可望京師出百望十里爲長樂河河水不甚濶而流駛又北二里爲玉斗潭腐草罨之深不可測傳有兩牛飲而闘陷于潭無迹又北十里爲灌石駐蹕山在焉 薊丘集

京西北諸山連綴共一百八十里半隷昌平其隷宛平境內與昌平錯壤者出百望山北四十里入南谷有聚焉是名漆園園之南有雅思山幽晦多霧山陷而爲坎有池曰露池 長安客話

自漆園出西十里許有高崖崖下有泉遶之又西北十里爲清水澗兩山如門行可二十里山皆奇峭巃嵸飛泉淲灑決地分流聲激崖穴厓間百合忍冬棠杜牛妳相思郁薁黃精唐求之屬紅翠含濡鳥巢雉囮山鹿之毳豪豬之毛徧于巖谷有嶺曰鰲魚又西里許山益峻有蘭若二上曰松陽下曰金鷹金鷹下控大巖巖吐百穴滙而爲湖決而東流是爲清水之源 薊丘集

出百望西北六十里有陘曰十八盤山有湯泉云是遼后浴處西一舍碧鴛鷹揚高峙南北有湖焉小而深在

碧駕之巖團結不見每春夏之交山水增流則湖益清可鑿曰合抱河 長安客話

臥龍岡在府西北四十五里山石俱青惟此獨白岡脊蜿蜒二十餘丈正統間車駕嘗幸此 明一統志

石窩厓在府西北一百一十里 同上

白鐵山在府西北一百八十里山多白石其堅如鐵 同上

顏老山在府西北一百九十里山之西南有石青洞東北有槲林水 同上

小龍口山在府西北一百九十里山有兩厓東厓在清白口社西厓在清水社有泉東入盧溝河 同上

栢山在府西北清白口社山四旁多產栢故名上有栢山寺 同上

西山有君子口疑即寰宇記所云君子城譌為箕子城者也 涿水亭雜識

儲巏君子口詩三間茅屋十弓耕了却官租便此生聞道薊門憔悴甚麥田都屬五軍營 柴墟集

駕到口在西山其曰駕到不知何年事 涿水亭雜識

李濂駕到口詩宛轉山無盡躋攀輿未闌衣裳沾霧濕石磴鑿雲寒瑶水周王跡汾陰漢武壇當時扈從者詞賦刻巑岏 嵩渚集

西山巖麓無處非寺游人登覽類不過十之二三爾王子衡詩西山三百七十寺正德年中內臣作何仲默詩先朝四百寺秋日徧題名鄭繼之詩所出在有寺多傍

北郊岑其後增建益多難以更僕數矣幸齋詩話

王雲鳳避雨玉城寺待孔希大不至作涼雨瀟瀟去復留伊人何處繫吾愁老僧相見坐無語一院野花山寺秋博趣齋稿

皇甫汸永興寺散步詩帝城西覓古叢林萬木寒垂六月陰庭下閒花爇後偈門前空水定時心皇甫司勳集

顧璘飲普福寺泉亭作夏木雙崖合寒流一澗紆雲高山路細天遠草亭孤看竹無車馬浮觴即畫圖吾儕乘興處不與俗人俱息園存稿

陳沂普惠寺詩躍馬平沙盡褰衣度石梁山風吹客帽林日蔽僧堂響落齋時磬烟飄誦處香乍於城市遠幽思正茫茫拘虛集

顧璘普惠寺詩綠樹邀行騎青山擁寺門不勞鐘磬響久厭市朝喧解帶榆烟午鉤簾竹日喧老僧鉏菜甲隨意具盤飧息園存稿

顧璘游西山宿廣智寺待月詩本來游客意欲與月明期碧海深何許清光望轉遲草香聞露墜林暗見星垂幸對樽中酒殷勤坐不辭寒松齋集

何棟登妙應寺廻眺京邑作不上西峯望誰知帝宅雄星河圍紫極龍虎抱金宮王氣千年在朝宗萬國同皇圖天共久形勝陋關中太華集

陳暹廣福寺詩紺院重陰後東風弄晚晴人留雪上跡鐘散月中聲林木藏僧舍山河遶帝城逃禪豈余

意春色自含情擀氍集

日下舊聞卷二十四終

日下舊聞卷二十四終

澹春命自會清鏡錄集

郊坰六

建文帝壬午遜位至正統復出移入京師大內載于紀傳云云然西山不封不樹之說毫無髣髴使當時果有之于時禁綱漸弛何所諱而人遂不一志其處且靖難師至日爬梳搜捕亡遺當日誰敢指后屍誑以爲帝者紀又載葬帝以天子禮夫禮以天子陵寢今在何地既不爲置陵守冢又何云以天子葬乎此兩說者姑以意逆之存疑焉可也 客座贅語

黑龍潭前平原廣畝之間禾黍既登秋風落寞出一石碣題曰大內遷出二棺之記旁書宛平縣令名無年月無封樹徬徨久之恨未能考所始也 青箱堂集

烏龍潭度高嶺即臥佛寺嶺名半天雲圓如髻度一嶺一髻復起如是者十三始登其巔四面皆童山雖無草木而石最可觀鐘鼎旗鼓墩柱樓閣龍虎之形畢具有石大如室中一綫若鋸分者而內有石釘復連不斷又有石欹側嶺上欲墜中一穴可容身入內容處五六尺可趺坐上復有二竅甚明朗又有方石三四丈黑色紫紋如梅花瓣瓣中有細竅取澗水灌之四面溢出如珠蓋諸竅宛轉相通天下奇石無踰此矣下嶺三里許復值一嶺如磨盤每盤直下三百步凡五十四盤至山腰嶺盡得石坡路甚滑又七八里爲廣泉寺 山行雜紀

大定二十九年閏月作盧溝石橋明昌三年三月癸未盧溝石橋成 金史章宗紀

朱存器爲修內司使嘗夜行瀘溝橋獲金一囊坐而待其主以付之其人請中分存器笑而遺之 元史列傳

于奕正太古洞詩古洞閟秋光幽窈不可拾我欲探其奧呼僧列炬入蝙蝠觸煙驚巳墜復飛集直下若眢井雖寒不能濕石乳挂四圍彷彿百怪立閱歷逃匝遠但視光所及石罅伏深潭僧云龍所蟄靜聽恍有聲習習涼颸吸心動欲引還炬短石逾澀附壁苔染身足滑力不給一綫逗天青黃葉飛正急 樸草

甲戌夏四月金主南遷留太子守中都金主行距涿契丹軍在後至良鄉金主疑之欲奪其元給鎧馬還官契丹軍驚遂殺主帥素温而叛共推斫苔比涉兒札刺兒爲帥而還中都福興聞變遣軍阻盧溝使勿得渡斫苔

等使其裨將塔二兒帥輕騎千人潛渡水腹背擊守橋衆大破之盡奪衣甲器械牧馬之近橋者 聖武親征記

元時盧溝橋畔有符氏雅集亭見蒲道源閒居叢藁袁桷清容居士集謂之酒亭貢奎雲林集謂之野亭袁詩云茅屋疎煙報午雞金沙清淺水亭低則謂之野亭可也貢詩云築此一畝宮而有靜者居濁醪得釀法好客時與俱則謂之酒亭可也 黃圖雜志

卓人月盧溝橋題逆旅主人壁詩春暉炙人如秋陽百里無樹皆大荒深渡淺渡馬足白輕沙重沙人面黃酸醨滿甕稱酒美健女負擔欺男尫艸莽不知定鼎意舉頭但歎長安長 蕊淵集

大定二十六年三月尚書省言孟家山金口閘下視都

城百四十餘尺恐暴水爲害請閉之從之金史世宗紀

正德中錢寧建碧霞元君廟于石徑山窮極壯麗都人歲以元日往祠至四月士女又羣集世宗踐阼之初遣給事中御史主事三員往毁之嘉靖元年二月礲石于廟址之南於是建寧李默爲文以志毁廟本末曾幾何時而中官董某復建焉可謂無忌憚者矣戴斗夜談

齋堂村在西山之北百餘里產畫眉石處也元豫章熊自得偕崇眞張眞人往居撰燕京志歐陽元功張仲舉皆有詩送之元功詩云先生去隱齋堂村境趣佳處如桃源西出都門二百里山之鰲峯水浩疊一重一掩一聚落一溪十渡深而渾羊腸險逕掛山腹蜂房小屋粘雲根立當阨塞若關隘視入衍沃同川原市朝甚邇俗

塵遠土產雖少人烟繁鉏畲秫陸宜菽麥樹柵作圈收雞豚闌蔬地美夏不燥煤炭價賤冬常温前年熊郎入貢藥施貧者藥人感恩熊君携笈今就子繞舍木葉書繽繙崇眞眞人又繼往况是偓佺之子孫紫簫夜吹遼鶴至林響谷應松風喧登高東望直沽口海日湧出黃金盆應憐昜倩戀象闕坐羨龐公歸鹿門仲舉詩云燕垂趙際中有村正在西湖之上源源頭落花每流出亦有洛晁時在齋隱君葺茅據幽勝髣髴小莊如陸渾環之蒼松數十樹拔出太古虛無根攢峯叠壁何盤礴地多磽磝少平原先生生計雖苦薄最喜静無人事繁黃精木肥朮苗脆壇場有爪牢有豚吟詩作詩百不理一家咲語常春温功名祇遺世途累飽煖已荷皇天恩近

聞京志將脫槀貫穿百氏手自繙朱黃堆案墨瀋硯[illegible]寫況有能書孫雲晴輒尋羽客去穀熟夯〻山鳥喧土牀炕煖石窯炭黍酒香注田家盆要知精舍白鹿洞不待公車金馬門元之大一統志卷帙繁富攷證亦綦詳矣而自得復揆燕京志仲舉謂其貫穿百氏必有出于大一統志之表者惜乎其書之不傳也 渌水亭雜識

王惲題覺山寺詩山因寺勝寺因山雲自無心景自閒懶陟上方窮遠目黃塵深處是人間 秋澗集

懷獻太子見濟景皇帝長子悼恭太子佑極憲宗第二子哀沖太子載基世宗第一子莊敬太子載壡世宗第二子俱葬西山 七太子傳

周如砥九日飲興德寺池臺作水色侵衣上花香繞座間帝城連遠浦賓雁入寒雲樹杪千山迥池邊衆壑分夕烟天闕北回望正氤氳 青藜館集

永陵亭年既久妃嬪獨多妃三十八人惟榮安閻貴妃端和王貴妃馬貞妃楊榮妃塋邑平之嶼兒峪其餘塋西山紅石口者包宜妃陳靜妃何睦妃王麗妃王莊妃褚安妃張常妃彭安妃高正妃耿平妃吳定妃李順妃王懷妃張安妃于宜妃宋宜妃諸靜妃張和妃杜莊妃王康妃趙懿妃陳雍妃文恭妃塋峯峪口者張德妃王徽妃沈安妃嬪二十八人塋紅石口者王懷嬪黃御嬪趙婉嬪馬常嬪楊常嬪有二劉常嬪有二張常嬪有二劉康嬪傅常嬪張昭嬪武常嬪郭寧嬪田缺字 高安嬪孟安嬪宋麗嬪任和嬪王常嬪塋峰峪口者王莊嬪韋惠

嬪陳常嬪王宜嬪張淑嬪姜肅嬪王禧嬪而皆后以以罪廢死者不與焉芹城小志

萬壽寺在馬鞍山山後一峰遥聳如紫駝峰是爲極樂峰遼時祖師法均說戒於寺加壇焉崇階三城以百廣甚容受戒者無算遺鉢是藏塔于壇下塔傾得舍利的皪如雨緇徒什襲乃得諦觀寺又多松率數百年物出寺門不判里偃松一株尤奇西山紀游